産後の不調もイライラもすっきり解消！

ママを癒す産後ヨガ

日本ママヨガ協会代表
カー亜樹 著

日東書院

はじめに
ベビーを最高の笑顔にするのは、「あなたの笑顔」です。

　ママデビューおめでとうございます。
　ベビーの甘くやわらかいぬくもりを抱きしめて、あなたは、今どんな気持ちですか？

　私が息子を出産した時は、24時間体制で見守るベビー中心の生活が突然始まり、自分の時間はなくなり「子育てってこんなに大変なの？」と、自分の思い描いていた幸せな子育てのイメージと現実のギャップに戸惑っていました。

ベビーの笑顔にとても癒されて幸せな気持ち
「本当に子どもを育てていけるのか？」という不安な気持ち
いいママでいたい、いい子育てをしたいという焦りやプレッシャー
もうこれ以上無理できない、寝不足や心身の疲れ
でも、ベビーの笑顔に励まされて「がんばらなきゃ！」という想い

　さまざまな気持ちが、産後の私に取り留めもなく押し寄せてきました。

　そんな時、やさしく目を閉じて深い呼吸をすると、とても心が落ち着いて、身体の力も自然に抜けてリラックスできたのです。

　好きなヨガのポーズをとると、がちがちにコリ固まっていた肩や首がほぐれて気持ちがいいのです。疲れやわだかまりを手放し、ざわつきを落ち着かせ、リフレッシュに役立ちました。

　ベビーとのかけがえのない時間は、本当にあっという間に過ぎてしまいます。その一瞬一瞬を味わいながら、ベビーとにこやかに過ごしたいですね。

「ベビーを笑顔にするには、まずはママが笑顔になること」

　ヨガで心と身体を癒しながら、ベビーと共に成長していくあなたの日々が、幸せと笑顔に満ちあふれますように。
　同じママとして私も心から応援させてくださいね。

はじめよう！ 産後骨盤リセットヨガ

　出産は、最高のデトックス。身体、ライフスタイル、ホルモンバランスも変わる産後が自分の身体を一から作りかえるチャンスです。骨盤が「ゆるんだ」「ゆがんだ」「ひろがった」と感じる産後の悩みを「1日6分（2分×3ポーズ）」のヨガで解消します。

産後骨盤リセットヨガで

**①ゆがんだ「骨盤」、②ゆるんだ「お腹」、③コリ固まった「肩甲骨」の
3つのパーツをリセットします。**

骨盤と第2の骨盤（肩甲骨）を動かすだけで100以上の筋肉が動くのを利用し、ラクして簡単に代謝アップ。

「ゆるめる」「ととのえる」「ひきしめる」の3ポーズで、「産前よりもキレイになる」下着でしめない体づくりを目指します。

　「ベビーのためだけでなく自分のために何かセルフケアを始めたい」「産後の体型・悩み・不調をヨガで解決したい」というママのための、ベビーと一緒に過ごしながら自宅でできるヨガを今日からはじめてみませんか？

一般社団法人日本ママヨガ協会
代表理事
カー　亜樹

本書の使い方

パーツ別
骨盤・お腹・肩甲骨
どのパーツがターゲットか一目でわかります。

セット・ステップ別
セット別に**ゆるめる・ととのえる・ひきしめる**の、どのステップかを示しています。

ポーズ名
複数ポーズを組み合わせたステップもあり、**ポーズの動きをイメージ**しながら練習すると効果もアップ！

ポーズのポイント
ポーズの目的・産後の悩み解消に役立つポイントをパーツ別で紹介。

NGポーズ
間違いやすいポイントをNGポーズとして紹介。ポーズのメリットを最大に味わうために確認を！

余韻を味わうポーズ
ポーズの最後には、今動かした場所の感覚を味わいましょう。子どものポーズは、くり返し登場するのでぜひ覚えましょう。

ポーズのメリット
産後ママの悩みを解消する。ポーズのメリット紹介。

DVD収録マーク
DVDの動画でポーズを練習できます。

骨盤 SET-1 ゆるめる

骨盤をゆるめ、前後になめらかに骨盤の傾きを調整しやすくする

猫と牛のポーズ
骨盤の前後の動きを感じながら背骨と連動して動かす練習をしよう。背中一つ一つを動かして、背中の緊張やコリをゆるめ自律神経の乱れを整える。

DVD収録

1 四つばいになる
足は腰幅にし、手は肩幅に広げ、手はパッと開いておく。おへそを背中に引き寄せ、首を長く保つ。

- ひじは伸ばしきらず軽く曲げておく
- 手は肩の真下
- ひざは足のつけ根の真下

NG
- 腰が反っている
- 首が反りすぎ
- 手足の幅が広すぎる
- お腹が落ちている

2 吸いながら牛のポーズ
吸いながら骨盤を前に倒し、背骨一つ一つを動かすように意識し胸を反らす。

- 首は反らせすぎない
- 目線は軽く手の斜め前方へ
- 吸う
- くり返す（10セット）

3 吐きながら猫のポーズ
骨盤を後ろに倒し、背中をまるめ肩甲骨を高く引き上げる。

- 背中をまるめ肩甲骨を高く引き上げる
- 吐く
- 目線はおへそへ

4 子どものポーズでリラックス
お尻をかかとにおいて、おでこを床に近づけ休む。余韻を味わいましょう。

深呼吸

用意するものは？

ヨガマット…たたみやカーペットの部屋なら不要。バスタオルで代用可能ですが、**マットを持つと続ける意欲がわきます。**

タオル…床についたひざや、腰が痛い時は、床と身体の間に敷いたり挟んだりしましょう。

※イスや壁を使用するポーズもあり

呼吸の指示

吸う・吐く・深呼吸の3つで示しました。
ヨガの呼吸は鼻から吸って鼻から吐く、鼻呼吸が基本。

ここでキープ！

ポーズをしっかりキープして呼吸を続けましょう。

骨盤 SET-1 ととのえる

かたい前ももをゆるめ、たるんだお尻を引き上げ、背中もスッキリ

横たわった英雄のポーズ

前ももを伸ばし股関節と骨盤の動きを高め、左右差を調整。
無理せず重力に身をまかせましょう。足のつけ根をゆるめてつまりをとる。

DVD収録

① 骨盤編 SET-1 骨盤を前後に動かす

部位ごとのポイント

本を見ながら**レッスンを受けているのと同じ効果が得られる**ように解説。

1 右足を曲げ、もも、足の甲を伸ばす

両足を伸ばして座り、お尻の後ろに両手をつく。右足を曲げ、かかとをお尻の横、両ひざは近づける。前ももの伸び、足の甲の伸びを感じる（3〜5呼吸）。余裕があれば、肘をつく。
※腰痛、ひざ痛の人は無理をしない。

- 吸う／吐く
- ここでキープ
- かかとをお尻の横にもってくる
- 前ももの伸びを感じる
- 両ひざは離れないように
- 3〜5呼吸
- 足の甲の伸びを感じる

意識するポイント

ピンクのマークは効いている所・伸びている所。

2 背中をつき両手を伸ばす

さらに余裕があれば背中をつく。両手を伸ばすとお腹も伸びる。

- 吸う／吐く
- 腰の反らせすぎに注意

反対側も同様に

反対側も同様に

右側の後左側も練習するというマーク。
キープ時間は呼吸のカウント数で計り、**左右のキープ時間が同じになるようにしましょう。**
左右の入れ替え方法は、**動画でも確認**できます。

3 両ひざを曲げ、もも、足の甲を伸ばす

両手をお尻の後ろにつき、両ひざを曲げる（3〜5呼吸）。余裕があれば肘をつく。ひざはひろげず床につけておく。

- ここでキープ
- 吸う／吐く
- 3〜5呼吸
- ひざは閉じ床につけておく

チャレンジポーズ 背中を床につける

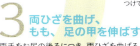

4 片足ずつひざを伸ばしリラックス

片足ずつ伸ばし起き上がり余韻を味わう。
※起き上がり方 P.21 参照

腰を反りすぎたり、ひざや腰に痛みを感じる時は、ひざを少し開くか、肘をつく姿勢に戻るか、すぐにポーズから抜けましょう。

チャレンジポーズ

ポーズをもっと味わいたい、慣れてきた方、もっと強度を上げたい方向け。ヨガの楽しさをどんどん広げていけるオプションポーズです。

産後リセットヨガ①骨盤編 Part.3

服装は？ 何を着たらいいの？

身体をしめつけないゆったりした服装で。
動きにくいジーンズ、チノパンは避けて、部屋着などのリラックスウェアでO.K.！
ガードルなど身体をしめつける下着は外しましょう。

ベビーはどうしたらいい？

一緒に楽しめば大丈夫！ 育児をしながら、寝かしつけをしながら、横で一緒に、お昼寝の間に。
まとまった時間をとるのではなく「すきま時間」にできるものからはじめてみましょう。

Contents

はじめに ... 2
本書の使い方 ... 4
付録DVDの使い方 ... 7

Part.1 産前よりもキレイを目指す

産後の自分の身体を知ろう!!
「ゆるんだ」「ゆがんだ」「ひろがった」と感じるのはなぜ? ... 10
産後のママは想像以上にストレスがいっぱい! ... 11
産後骨盤リセットヨガで産む前よりもキレイになる ... 12
基本3パーツ「骨盤」「お腹」「肩甲骨」を動かすだけ! ... 13
3つのポーズで産後の悩みを一気に解消 ... 14
産後骨盤リセットヨガ　全プログラム ... 15
Column　ヨガを自分らしく楽しむコツ ... 16

Part.2 ヨガの基本姿勢と呼吸法

はじめる前に知っておこう
こんな「ゆがみ姿勢」で子育てしていませんか? ... 18
あなたの生活習慣に潜む、ゆがみ癖に注意! ... 19
基本の座り方（安楽座） ... 20
基本の呼吸法（あお向けで腹式呼吸） ... 21
基本の立ち方（山のポーズ） ... 22
タックインして正しい姿勢をキープする ... 23
お産で弱ってしまった骨盤底筋を強化する ... 24
骨盤底筋に意識を向ける（骨盤の呼吸） ... 25
ウォーミングアップ ... 26
クールダウン ... 27
ゆがみ　たるみ　ゆるみセルフチェック ... 30

Part.3 産後リセットヨガ ①骨盤編

ゆがんだ骨盤をしなやかな骨盤に作りかえる
骨盤を立てて「ゆがみ」知らずの美姿勢に ... 34
あなたの骨盤はどこにある? ... 35

SET①　骨盤を前後に動かす
- ゆるめる　猫と牛のポーズ ... 36
- ととのえる　横たわった英雄のポーズ ... 37
- ひきしめる　三日月のポーズ ... 38

SET②　骨盤を閉じる動き
- ゆるめる　クロスでひざたおしのポーズ ... 40
- ととのえる　牛面のポーズ ... 41
- ひきしめる　椅子のポーズ ... 42

SET③　骨盤を開く動き
- ゆるめる　やさしい開脚前屈のポーズ ... 44
- ととのえる　ハッピーベイビー ... 45
- ひきしめる　女神のポーズ ... 46

Column　はじめよう、ヨガのある子育て ... 48

Part.4 産後リセットヨガ ②お腹編

自前のコルセットを強化　下着でしめつけない身体づくり

産後のポッコリお腹の原因はこれだった？！ ... 50
姿勢を正してポッコリお腹解消！ ... 51

SET①　お腹の前面を目覚めさせる
- ゆるめる　橋のポーズ ... 52
- ととのえる　船とテーブルのポーズ ... 53
- ひきしめる　逆転のムドラー ... 54

SET②　くびれを目覚めさせる
- ゆるめる　体側伸ばしのポーズ ... 56
- ととのえる　ひざを曲げた賢者のポーズ ... 57
- ひきしめる　体側を伸ばす＆ねじりのポーズ ... 58

SET③　お腹と背中を目覚めさせる
- ゆるめる　肘まわしコブラのポーズ ... 60
- ととのえる　後ろに倒すだけ腹筋 ... 61
- ひきしめる　肘つきプランク ... 62

Column　なぜ今ベビーが泣いているのか？ 感じるセンスを高めよう ... 64

Part.5 産後リセットヨガ ③肩甲骨編

第2の骨盤 肩甲骨を動かして代謝アップ

肩甲骨を動かして代謝アップ ... 66
肩甲骨の動かし方の基本 ... 67

SET①　肩甲骨を全方向に動かす
- ゆるめる　肩甲骨ほぐし ... 68
- ととのえる　猫のねじりと伸びのポーズ ... 69
- ひきしめる　英雄のポーズ1 ... 70

SET②　肩甲骨を寄せ胸を開く
- ゆるめる　肩甲骨を左右に動かすポーズ ... 72
- ととのえる　ハトのポーズ ... 73
- ひきしめる　板とコブラのポーズ ... 74

SET③　肩甲骨を下げて肩を自由に
- ゆるめる　胸を伸ばす腕まわし ... 76
- ととのえる　半分の犬のポーズ ... 77
- ひきしめる　下向きの犬のポーズ ... 78

Column　子どもを笑顔にするには、まずはママが笑顔になること ... 80

Part.6 産後の悩み別ヨガ

骨盤のゆがみをセルフ調整1　骨盤8の字まわし ... 82
骨盤のゆがみをセルフ調整2　骨盤の左右差調整 ... 83
骨盤のつまりをとりしなやかに　骨盤ゆるまわし ... 84
肩・首・背中のコリをスッキリ　ワシの手のポーズ ... 85
肩コリをほぐし姿勢を改善　肩甲骨全方向ほぐし ... 86
胸や体側を伸ばす　片ひざを曲げた体側伸ばし ... 87
首コリ・眼精疲労・不眠に　うさぎのポーズ ... 88
首や肩をゆるめ胸を開く　魚のポーズ ... 89
腰痛をやわらげる　赤ちゃんのポーズ ... 90
お腹周りをスッキリさせる　ひざ倒し ... 91
産後の過ごし方スケジュール ... 92
悩み別おすすめポーズ一覧／目的別おすすめポーズ ... 94
Column　今すぐ幸せになれる　心の持ち方 ... 96

Part.7 毎日を心地よく過ごすためのセルフケア

不安やイライラを手放しリフレッシュ　いまここ呼吸 ... 98
ざわつきを落ち着け心を平和に　ブラーマリー（蜂）の呼吸 ... 99
ストレスで息がつまった時　あお向けのがっせきのポーズ ... 100
セルフマッサージ　足ほぐし ... 101
セルフマッサージ　かたくなった頭・頭皮をゆるめる ... 102
セルフマッサージ　腕〜手指のマッサージ ... 104
セルフマッサージ　お腹を温めるマッサージ ... 105
美姿勢ウォークで骨盤がひきしまる歩き方 ... 106
美姿勢抱っこで腹筋がひきしまる抱き方 ... 107
ママとベビーのアロマセラピー ... 108
心地よい睡眠をとることが一番の活力になる ... 111
Column　自分をいたわり癒すことで周りもハッピーになる ... 112

Part.8 ベビーとママの笑顔ヨガ

はじめよう！ ベビーが笑顔になるヨガ ... 114
背中をほぐすポーズ　〜緊張をほぐしてやわらか背中に〜 ... 115
全身のびのびヨガ♪　〜ベビーに一番人気！ 歌で今すぐごきげんに〜 ... 116
お腹と腰のほぐしヨガ　〜便秘やお尻周りのコリに〜 ... 117
足裏あわせ　〜ハイハイ・おすわり・タッチの準備運動に〜 ... 118
あしゆびマッサージ／お胸でハート♪ヨガ　〜にっこり笑顔に。ぐっすり眠る！〜 ... 119
ベビーといろんな抱っこで遊ぼう ... 120
ママもベビーも笑顔になるヨガをしよう ... 122
ながら「タックイン」でゆがみ知らずの美姿勢になる ... 123
ベビーと一緒に脳を育むあそび ... 124
Column　パートナーから親へ♡パパ育てしていますか？ ... 125

おわりに ... 126

付録DVDの使い方

DVDを挿入し、メニューボタンを押すと、メインメニューが開きます。
希望のボタンをクリックして、1ポーズ2分×3ポーズで1日6分の産後骨盤リセットヨガをはじめよう！

すべてのポーズ
最初から最後まで続けてみたい時はこちら。

ヨガの基本姿勢
基本の座り方、基本の立ち方、タックイン

骨盤
骨盤のSET1〜3を続けて再生

各[SET-数字]ボタン
ボタンの下にある3つのポーズを再生

骨盤底筋
骨盤底筋、骨盤の呼吸

悩み別ヨガ
P.82〜P.91のポーズを続けて再生

肩甲骨
肩甲骨のSET1〜3を続けて再生

お腹
お腹のSET1〜3を続けて再生

Part.1

産前よりもキレイを目指す

とっても幸せで充実しているけれど…。
産後のママは身体も心も、ホントに大変！
まずは自分を癒してママ自身が笑顔になりましょう。
産後リセットヨガは1日たった6分！
まずは1セットからはじめてみませんか？

> 産後の身体はこんなにも変わる！

「ゆるんだ」「ゆがんだ」「ひろがった」と感じるのはなぜ？

「ベビーを産んだのに、どう見てもお腹のふくらみはまだ7-8ヶ月！ 産んだのにすぐへこまないの？」と出産後も大きいままのお腹に驚いた方も多いでしょう。

妊娠中には、10ヶ月という期間を経て、お腹は徐々に引き伸ばされ、ウエストはなんと40センチも増えます。他にも妊娠は私たちの身体にさまざまな変化をもたらします。

- 産後、身体がゆるんでグラグラする感覚がある
- 腹筋がなくて起き上がりにくい
- 体重は戻ったけど産前と体型が変わったと感じるのはなぜなのでしょう？

「ゆるんだ」「ゆがんだ」「ひろがった」と感じる原因はコレ！

ゆるんだ
ホルモンの変化でゆるむ

狭い産道をベビーが通って生まれるために、靭帯・関節をゆるめるホルモンで、骨盤周りだけでなく**全身**がゆるむ。

ゆがんだ
授乳・抱っこ・動作の癖でゆがむ

不自然に力が入る長時間の抱っこ、骨盤やお腹で体重を支える抱き方、授乳、生活習慣の癖が、ゆるんだ体をさらにゆがませる。

ひろがった
産後も妊娠中の姿勢（骨盤が前に傾く反り腰）を引きずる

お腹が大きくなりベビーの重みで引っ張られ、腰はどんどん反る。反り腰になると、アヒルのお尻のように大きく広がって見える。お腹、お尻はゆるんで垂れる。内臓は下がりポッコリお腹になる。

③腰が反っていく
①ベビーの重みがかかる
②骨盤が前に傾く
④お尻がゆるむ

反り腰の状態のまま
お腹はゆるむ
お尻はゆるむ垂れる

そのため産後は、反り腰を改善し、正しい姿勢を保つための筋力を取り戻す必要がある。

1日6分の産後リセットヨガで、自然に正しい姿勢を保てる筋力を取り戻し「ゆるんだ」「ゆがんだ」「ひろがった」の悩みを解消！ すきま時間を使って今すぐ簡単にできる方法をご紹介します。

【幸せで充実はしているけど…】

産後のママは想像以上にストレスがいっぱい！

　ベビーが生まれると幸せで充実した日々がはじまると同時に、産後の不調、ライフスタイルの変化や不安により、いろいろなストレスが。前向きに「がんばろう！」と思う反面、「子育てってこんなに大変だったの？」と想像と現実のギャップに落ち込んだり、産後の身体の不調や、感情の波に押し流されて思わず涙することも。

　ベビーとの生活は楽しい！　かわいいい！　でも・・・

- 抱っこと授乳で、肩コリがつらい
- 夜も授乳と夜泣きで寝不足つづき…
- ゆっくり食事を味わう時間がない
- ゆっくり湯船につかりたい　濡れた体で震えながら赤ちゃんの着替えは寒い！
- 体重が増えたまま戻らない　体型が変わった
- 抱っこして揺らさないと寝てくれない
- 自分の時間がない…

自分で産んだ赤ちゃんだけど手さぐりの育児ってホントに大変…やさしいママでいたいよ。でも…いつも笑顔でいられるわけじゃない

まずは自分を癒すことを大切に・・・
ママは、幸せとストレスの中で、昼夜問わずの 24 時間子育てに日々奮闘しています。

赤ちゃんを笑顔にするには、まずママが笑顔になること
リフレッシュやリラックスする**自分のための時間**をとり、世界で一番大切な自分を癒しましょう。

> 1日たった6分!

産後骨盤リセットヨガで産む前よりもキレイになる

　ベビーを産んだ後、「産前に戻したい」と思いがちですが、本当に産前に戻る必要があるのでしょうか？

　私たちは、ベビーを宿し、10ヶ月の妊娠期間を経て、出産というかけがえのない経験をしました。さらに、未経験の子育てに奮闘し、毎日いろいろな学びや気づきを得ています。

　妊娠・出産・子育てで多くのことを経験し、人として、母として、女性として大きく成長している私たちが、産前の自分にあえて戻る必要などないのです。

　出産は最高のデトックス。身体が回復していくこの時期に、不要なものをすべて手放し、**いっそすべて作りかえて「産む前よりもキレイ」を目指してみませんか？**

　産後は、ベビーへの授乳もあるので無理なダイエット（食事制限）は避け、バランスのよい食事をとることが大切。産後骨盤リセットヨガで、出産で疲れた身体を癒しながら、衰えた筋力をひきしめ、**「産む前よりもキレイ」** になりましょう。

産後の体力回復
すきま時間を使って弱ったパーツを効果的に強化

産後のゆがみを改善
正しい姿勢を身に付け骨盤の位置を調整

心と身体をリラックス
24時間の育児の疲れや緊張をゆるめる

自分を癒すセルフケア
一番大切な自分をいたわり心に栄養を補給する

ベビーとのきずなを深める
ベビーと楽しく触れ合い子育てへの自信を養う

> えっ、これだけ!?

基本3パーツ「骨盤」「お腹」「肩甲骨」を動かすだけ！

産後のママの悩みが多い、「①骨盤」「②お腹」「③肩甲骨」の3つのパーツに注目。
2つの骨盤（骨盤・肩甲骨）を動かすだけでも、なんと100以上の周辺の筋肉にアプローチ。
この3つを意識すると簡単に代謝アップが期待できます。

やってみよう！ 産後リセットヨガ

❶骨盤　P33〜

骨盤周辺や、骨盤底筋がゆるみ内臓が下がると、骨盤内が内臓で混雑し、血流やリンパの流れが悪くなり、下半身脂肪の原因に。

骨盤を動かすだけで、骨盤に付着する左右60の筋肉が動く！ ラクして代謝アップしながら、骨盤のゆがみを解消し、ひきしめる。

❷お腹　P49〜

腹筋は引き伸ばされ、お腹周りは緊張がなくゆるみ、内臓が下がりポッコリお腹になりがち。

腹筋を強化し、ひきしめてくびれを取り戻し、下着でしめつけるだけの生活から卒業！
矯正下着だけに頼るのではなく、腹筋という自前のコルセットを強化。

❸肩甲骨　P65〜

肩甲骨を動かすだけで34以上の筋肉が動く！
また、腕・背中周辺の筋肉も効率的に動かせる。

肩コリ・首コリ・頭痛・背中のコリ・背中の脂肪、リンパの滞り、授乳や抱っこによる姿勢の悪化を改善し、血流と代謝をアップ！

> 四足歩行をしていた時代、肩甲骨は、今の骨盤と同じような役割をしていた。
> そのため、肩甲骨は『第2の骨盤』ともいえる。

産前よりもキレイを目指す **Part.1**

3つのポーズで産後の悩みを一気に解消

　産後骨盤リセットヨガは、1セットを3ポーズで構成しました。
　がんばりすぎてかたく緊張した身体のまま、ヨガのポーズをしても身体を気持ちよく伸ばすことはできません。まずは、身体を動きやすく「ゆるめる」ポーズを2分、左右差などのゆがみを「ととのえる」ポーズを2分、最後にゆるんだ身体を強化し「ひきしめる」ポーズを2分。**1セット計6分**のプログラムです。
　この3ポーズで、体重がどんどん重くなるベビーの抱っこや、快適育児のための体力を取り戻し、「産前よりキレイ」を目指します。

産後ヨガを始める前に・・・
- 出産後1ヶ月はゆっくり身体を休めて、出産の疲れを癒しましょう。
- 出産直後の骨盤固定については、産院などで指導を受けてください。
- 主治医の許可が出たら、少しずつ体力を回復していくためのヨガをはじめましょう。
- 痛みや違和感がある場合は主治医に相談の上、練習を行ってください。
- まずは呼吸法やウォーミングアップなどからはじめてみましょう。
- 身体をしめつける下着は外し、楽な服装で行いましょう。
- 食事直後は避け、食後2時間はあけて練習しましょう。

産後骨盤リセットヨガ　全プログラム

「ゆるめる」「ととのえる」「ひきしめる」を１セット６分で行います。あなたが気になるパーツのどのセットから始めてもOK！　DVD収録のものは観ながらやるといいでしょう。

はじめる前に知っておこう
ゆがみ・たるみ・ゆるみチェック　セルフチェック、基本の座り方、立ち方、タックイン、呼吸法、ウォーミングアップ、クールダウン

基本姿勢と呼吸法
20ページ

ウォーミングアップ
26ページ

クールダウン
27ページ

やってみよう！　産後リセットヨガ

❶骨盤

SET-1　36ページ　骨盤を前後に動かす
- 猫と牛のポーズ
- 横たわった英雄のポーズ
- 三日月のポーズ

SET-2　40ページ　骨盤を閉じる動き
- クロスでひざたおしのポーズ
- 牛面のポーズ
- 椅子のポーズ

SET-3　44ページ　骨盤を開く動き
- やさしい開脚前屈のポーズ
- ハッピーベイビー
- 女神のポーズ

❷お腹

SET-1　52ページ　お腹の前面を目覚めさせる
- 橋のポーズ
- 船とテーブルのポーズ
- 逆転のムドラー

SET-2　56ページ　くびれを目覚めさせる
- 体側伸ばしのポーズ
- ひざを曲げた賢者のポーズ
- 体側を伸ばす＆ねじりのポーズ

SET-3　60ページ　お腹と背中を目覚めさせる
- 肘まわしコブラのポーズ
- 後ろに倒すだけ腹筋
- 肘つきプランク

❸肩甲骨

SET-1　68ページ　肩甲骨を全方向に動かす
- 肩甲骨ほぐし
- 猫のねじりと伸びのポーズ
- 英雄のポーズ１

SET-2　72ページ　肩甲骨を寄せ胸を開く
- 肩甲骨を左右に動かすポーズ
- ハトのポーズ
- 板とコブラのポーズ

SET-3　76ページ　肩甲骨を下げて肩を自由に
- 胸を伸ばす腕まわし
- 半分の犬のポーズ
- 下向きの犬のポーズ

ほかにもあるよ

悩み別ヨガ
81ページ

セルフケアマッサージ
97ページ

ベビーといっしょに楽しむヨガ
113ページ

産前よりもキレイを目指す　Part.1

- Column -

ヨガを自分らしく楽しむコツ

　ヨガというと、難しいポーズをとるために身体はやわらかくなければいけない、身体がかたい私には無理かも、と思っている方もいらっしゃるでしょう。
　でも、身体のやわらかさは関係ないので、ご安心ください。
　身体がかたいと感じる人ほど、はじめる前と後の変化を感じやすくなります。

ヨガを安全に自分らしく楽しむコツ

力を抜いて、身体が今どう感じるかに意識を向けよう

　常にベビーに向いている意識を、自分の内側に向ける練習をしましょう。
　左右差やアンバランスな感覚はないでしょうか？　動きやすいですか？　心は落ち着いていますか？　呼吸はおだやかですか？　感じながらやってみましょう。

自分が気持ちいい、心地いい！ という感覚を大切に

　「今の自分は心地いい？」「どう動くのが気持ちいいかな？」
　自分の身体に問いかけてみましょう。身体の声に耳を傾けることをくり返すと、だんだん身体への感覚が研ぎ澄まされていきます。

痛い！ つらい！ の限界まで、めいっぱいがんばりすぎない

　ついついポーズをがんばりすぎてしまう人は、普段の生活や育児でも自分のできる以上に無理をしているかもしれませんね。身体の声に耳を傾けて、「無理しすぎないこと」をヨガで練習し、普段のライフスタイルに取り入れてみましょう。

呼吸に意識を向けよう

　呼吸が深くなると心も身体もリラックスしやすくなります。
　脳に酸素がいきわたり、血流もよくなりますよ。

　まずは自分のペースで、すきま時間を使ってはじめてみましょう。
　まとまった時間がなかなかとれなくても大丈夫！
　気になるものから楽しみながらトライしてみてくださいね。

Part.2
ヨガの基本姿勢と呼吸法

あなたのゆがみの原因は？
正しい姿勢をキープして
基本の座り方、立ち方、呼吸法を覚えましょう。
ヨガのポーズをする前のウォーミングアップや、
ポーズの後のリラックスしたいときに使える
クールダウンも紹介しています。

あなたの骨盤をゆがませている原因は?
こんな「ゆがみ姿勢」で子育てしていませんか?

　せっかく「産後の身体を整えたい」と思っても、悪い姿勢をくり返していては、さらにゆがむ原因を自分で作っているようなものです。当てはまるものがあるかチェック!

骨盤を押し出し抱っこ
子どもを抱っこする時に、お腹や腰を押し出して体重を支えていませんか?

片方の骨盤に子どもをのせて抱っこ
どちらかの骨盤に荷重をかけて抱っこする癖がついていませんか?

骨盤ゆがませ斜め立ち
片足に荷重で斜め立ちになっていませんか?

肩ゆがませ荷物持ち
マザーズバックなど重い荷物を、片方の肩にかけたり、腰で支えていませんか?

骨盤ゆがませ斜め座り

骨盤ゆがませぺちゃんこ座り

生活習慣を見直してみませんか？
あなたの生活習慣に潜む、ゆがみ癖に注意！

はじめる前に知っておこう

産後だからゆがむのでなく、普段の生活習慣も大きな要因の一つ。ゆがみの影響は年齢と共に大きくなり、一部のゆがみが全身に波及していくので注意を！

椅子に座るとすぐ足を組む
足が開くので、つい足を組んでいませんか？

椅子に斜めに座り足を開く
気づくと、姿勢が崩れていませんか？

ひざを開いて猫背座り
骨盤が後ろに倒れて背中がまるくなっていませんか？

腰を前にずらして座る
椅子だけでなく、ソファーでだらんと座っていませんか？

その他
- 抱っこひもを正しい位置に付けていない（下にずれすぎ、ゆるすぎなど）
- 抱っこひもをした状態で腰を反らせている
- 抱っこひもをして、斜め立ちをする
- 抱っこひもの付け方に左右差があり、不自然に力が入っている

いきなり『ゆがみ姿勢』を正そうと無理すると身体に思わぬ負担がかかります。P.23のタックインで、自然に正しい姿勢がとれるように身体にインプットしましょう。普段の生活でもゆがみ姿勢を避けることが大切です。

基本の座り方（安楽座）

産後のママは、授乳や抱っこでつい肩が前に入り、胸がつぶれて呼吸がしにくくなっている。正しい座り方を身に付け、しっかりと胸と肩を開き、心地よく呼吸することで気持ちも明るくなる。

安楽座で座ってみましょう

あぐらをかいて座り、両かかとが身体の正面に並ぶように座る。左右のお尻のお肉を手で持ち上げて、外に払うようにし、座骨の上に体重をのせるようにする。※座骨の詳細は P.35 参照

- 頭頂は天井に引っ張られる感じで
- 耳と肩を引き離し首を長くする
- 左右の肩は同じ高さに
- 肩はリラックス
- てのひらはひざの上に軽くおく。上向き下向きどちらでも O.K.
- 目線はまっすぐ前へ
- 骨盤の真上に頭をのせる
- 骨盤を立て背すじをまっすぐに伸ばす

足のつけ根、会陰を床につけるように意識して座ると骨盤が立つ。心地よく深い呼吸をしていこう。

壁を使って練習する場合

- お尻、背中、後頭部を壁につけて座る
- 肩が壁に軽く触れる
- 腰を反りすぎない
- 座骨の上に体重をのせる
- 骨盤をしっかり立てる

NG
- 背中がまるい
- あごを突き出している
- 肩が前に入っている
- 骨盤が立っていない
- 上体が前に倒れている
- 腰を反りすぎ
- 胸を張りすぎ

基本の呼吸法（あお向けで腹式呼吸）

ヨガでは、深い呼吸がとても大切。呼吸への意識を忘れるとただのエクササイズになってしまうので常に深い呼吸を意識しよう。産後ママがリラックスしやすいように、重力に身をまかせ、あお向けで行う。

1 足を前に伸ばしてあお向けに寝る

鼻から自然な呼吸をくり返す。目を閉じた方がよりリラックスできる。自分の身体を出入りする呼吸に意識を向ける。まず鼻からすべて吐ききり、ゆっくりと鼻から吸う。

2 お腹の底まで深く息を吸う

新しいエネルギーを取り込むようにお腹の底まで深く吸う。この時、お腹、胸、背中をやわらかくふくらませるようなイメージ。

3 胸や背中からすべて吐く

お腹から、胸や背中も空っぽにするように吐きだし、おへそを背中に引き寄せる。全身の力を抜き、大地に沈み込むイメージで呼吸をくり返す。

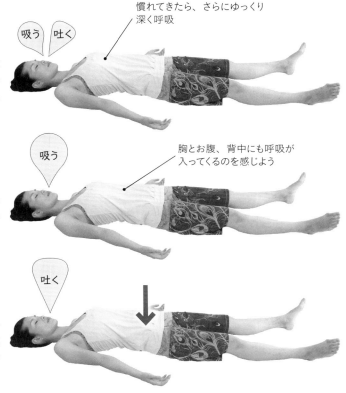

慣れてきたら、さらにゆっくり深く呼吸

胸とお腹、背中にも呼吸が入ってくるのを感じよう

産後は心身ともに疲れているので、床にあお向けになり、重力に身をあずけることで全身の力が抜けやすくなる。身体の力をふーっと抜いてリラックスし、あわただしい気持ちを手放しましょう。

あお向けからの起き上がり方（産後はいつも心がけて）

①両ひざを胸に引き寄せて身体ごと右側に向く。②両手で床を押して最後が頭になるようにゆっくり起き上がる。

NG お腹に腹圧をかけてお腹を押し出したり、反動をつけて起き上がるのは避ける

ヨガの基本姿勢と呼吸法 **Part.2**

基本の立ち方（山のポーズ）

産後のママは、妊娠期からの反り腰や、猫背になりがち。これでは呼吸が浅くなり姿勢も悪く見えてしまう。普段から基本の立ちポーズでまっすぐ立つ練習をしよう。

DVD収録

1 両脚に均等に体重をかけ、まっすぐ立つ

足の親指と親指の間に、握りこぶし1個分開いて立つ。両脚に均等に体重をかけ、足の指全体を持ち上げ、かかとで床をグンと押す。前ももが引き上がるのを感じよう。

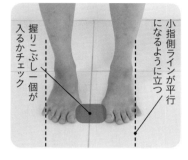

握りこぶし一個が入るかチェック／小指側ラインが平行になるように立つ

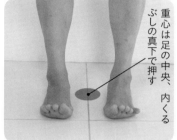

重心は足の中央、内くるぶしの真下で押す

2 肩を回して胸を開く

肩を後ろに回してすとんと落とす。足指をゆっくりおろす。タックイン（P.23参照）で立つ、胸を張りすぎたり腰が反らないよう注意。

①持ち上げる　②回す

NG お腹と骨盤が突き出ている

壁を使って練習する場合

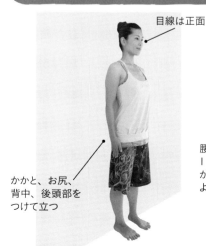

目線は正面

かかと、お尻、背中、後頭部をつけて立つ

腰の後ろにてのひら1枚分入るスペースが空くのがちょうどよい

NG 壁と腰の間に握りこぶしが入る場合、腰が反りすぎている

タックインして正しい姿勢をキープする

お腹の赤ちゃんによって引き伸ばされていたお腹周り。赤ちゃんが出たあとは、なんだか身体がグラグラした感覚がある。ポーズをとる時は尾骨、お腹、肩甲骨の3ヶ所をタックイン（引き入れる）するのを常に意識しよう。

産後のゆるみやゆがみを解消するために、普段からこのタックインを意識して正しい姿勢を保ちましょう。この3ヶ所を「タックイン」しながらヨガのポーズをとると効果もアップ。

1.「尾骨（尾てい骨）をタックイン」
2.「お腹をタックイン」
3.「肩甲骨をタックイン」

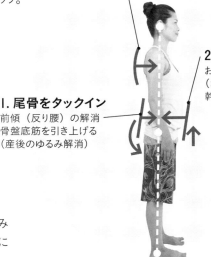

3. 肩甲骨をタックイン
まるくなった背中と肩甲骨を引き入れ猫背を解消

2. お腹をタックイン
おへそと背中を引き込む（お腹のたるみ解消、体幹の強化）

1. 尾骨をタックイン
前傾（反り腰）の解消
骨盤底筋を引き上げる
（産後のゆるみ解消）

1 尾骨（尾てい骨）をタックイン

骨盤が前傾し反り腰になる時は、尾骨をたくし込み「尾骨をタックイン」する。犬がしっぽを足の間に入れているイメージ。
下腹を引き上げる。お尻の穴を真下に向けると、お尻がひきしまり、骨盤底筋群（24ページ参照）も引き上がる。

尾骨を
たくし込む

下腹
引き上がる

しっかり
骨盤を立てる

2 お腹をタックイン

自前のコルセットをひきしめる。おへそと背中を互いに引き寄せて「お腹をタックイン」する。吐きながら、お腹を薄くするイメージ。お腹と背中でサンドイッチする。

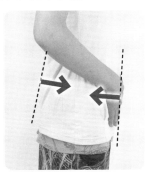

3 肩甲骨をタックイン

授乳やおむつ替えで背中が猫背になりがち。後方にずれた肩甲骨を中心軸に引き入れ「タックイン」して背すじをまっすぐにする。

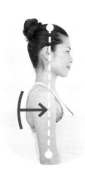

はじめる前に知っておこう

ヨガの基本姿勢と呼吸法 Part.2

あなたは大丈夫？　骨盤底筋のケアをしていますか？
お産で弱ってしまった骨盤底筋を強化する

骨盤の底には、**骨盤内の臓器を支えている骨盤底筋**があります。

妊娠時のホルモンにより、ベビーが通りやすいように関節や筋肉がゆるみ、この骨盤底筋もゆるむことで、産道を通ってベビーが生まれてきます。

産後の骨盤底筋をゆるんだままにしておくと、尿漏れ、子宮脱、内臓の下垂、ポッコリお腹の原因に！

現代女性は、骨盤底筋がゆるみやすいライフスタイルを過ごしています。今この症状が出ていなくても、次の出産や、すこやかに年齢を重ねるために、骨盤の底を支えている骨盤底筋をひきしめるエクササイズをなるべく早くスタートしましょう。

場所はちょうど、「自転車のサドルがあたる部分」。ここでは骨盤底筋をひきしめることを、わかりやすく「ベビーの出口をひきしめる」とイメージして練習します。

骨盤底筋を意識した呼吸を、ヨガのポーズをする時にもぜひ取り入れてみてください。

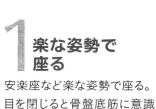
骨盤底筋

1 楽な姿勢で座る
安楽座など楽な姿勢で座る。目を閉じると骨盤底筋に意識を向けやすくなる。

2 吐きながらベビーの出口をひきしめる
吐きながらベビーの出口（骨盤底筋）をぎゅーっとひきしめる。巾着袋の口をぎゅーっとしめるようにイメージ。

3 吸ってベビーの出口をゆるめる
吸いながら骨盤底筋をゆるめる。②〜③を5セットくり返す。

4 吐きながら骨盤底筋をしめて引き上げる
吐きながら赤ちゃんの出口（骨盤底筋）をぎゅーっとしめて、さらに胸の方へ引き上げる。

5 吸ってゆるめる
吸いながらゆっくりおろす。④〜⑤を5セットくり返す。

骨盤底筋を呼吸に合わせて動かす

骨盤底筋に意識を向ける（骨盤の呼吸）

1 あお向けになり両ひざを曲げる

骨盤の傾きを感じられるように両手を腰にあてる。一度すべての息を吐く。

2 骨盤を前に倒しながらゆるめる

吸いながら骨盤を前に倒していく。腰を反らせ床と腰の間に隙間をつくる。**骨盤底筋がゆるむ。**

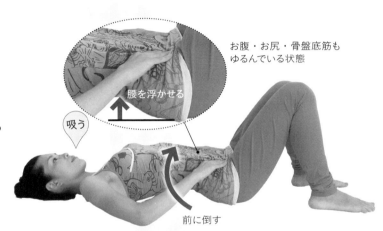

お腹・お尻・骨盤底筋もゆるんでいる状態

腰を浮かせる

吸う

前に倒す

3 骨盤を後ろに倒しながらしめる

吐きながら骨盤を後ろに倒し、腰を床につけていく。赤ちゃんの出口をひきしめ、胸の方に引き上げる。**骨盤底筋がしまる。**②〜③を5セットくり返す。

おへそは背中に引き寄せる

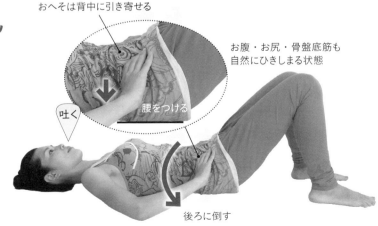

お腹・お尻・骨盤底筋も自然にひきしまる状態

吐く

腰をつける

後ろに倒す

4 足を腰幅に伸ばして練習

慣れてきたら足を伸ばして練習してみましょう。

ウォーミングアップ

ポーズの前に、まず身体の緊張をゆるめる。やさしくほぐして、動きやすい身体をつくります。リラックスの目的でこのウォーミングアップのみを行ってもOK！

1 股関節の調整

あお向けになり、両足を伸ばして左右にパタパタと動かす（座ってしてもOK）。足のつけ根をしっかり動かす。

外側に倒しにくい方、内側に倒しにくい方があるか確認

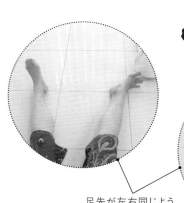

足先が左右同じように動かせているか？

ひざを左右同じように倒せているか？

2 両ひざ倒し

両ひざを立てて腰幅より少し広めに開く。吐きながら両ひざを右に倒す。吸いながら戻し、吐きながら左に倒す。呼吸に合わせてゆっくりと左右にひざを倒す（5～10回）。

外側に倒しにくい方、内側に倒しにくい方があるか確認

3 腰ほぐし

ゆっくりと両ひざを胸に引き寄せ、両手で抱え、ひざを左右に揺らし腰をほぐす。
円を描くようにひざを回す（5〜10回）。反対回しも行う。

4 背中ほぐし

おへそを覗き込むようにして背中をまるめ、前後に転がる。反動をつけたり、腹圧をかけてお腹を押し出さないように注意。
十分に背中で転がってから反動をつけずに起き上がる。
（できない人の起き上がり方はP.20参照）

5 両肩ほぐし

安楽座で座り、一つ息を吐く。吸う息で両肩を持ち上げる。吐いて脱力する。

吸う

吐く

全部やらなくてもOK
ほぐしたい部分があれば
そこを重点的にやって
みましょう

はじめる前に知っておこう

ヨガの基本姿勢と呼吸法 Part.2

クールダウン

ポーズの後や、リラックスしたい時、お休みの前に、クールダウンのポーズをとって身体を休めよう。このポーズを一つするだけでも日常の疲れをとったり、心と身体の力を抜くことができる。

産後向け　子どものポーズ（チャイルドポーズ）

産後の腰痛予防、解消にも役立つリラックスできるポーズ。

1 四つばいになる
手は肩幅に開き、足は腰幅より少し広めに開く。

2 手を歩かせ上体を倒す
足の親指同士をつけ、吐きながらお尻を後ろに引き、かかとの上にのせる。手を前方に歩かせながら上体を倒し、ひざの間に胸を落としリラックス。

3 力を抜き、呼吸をくり返す
おでこは床につけ、肩や腕の力をゆったりと抜き、深い呼吸をくり返す。腰をまるくするように意識するとより腰が伸びる。

深呼吸
ここでキープ

これでもOK！
身体の力が抜けて心地いい姿勢を選びましょう。

肘を曲げ手の甲におでこを休ませる

ひざを閉じ、おでこを床に休ませ、手は身体の横にそわせる

しかばねのポーズ（シャバアーサナ）

ただあお向けになり、深い呼吸をしながら身体の力を抜く意識をすることで、心と身体がとても安らぐポーズ。子どもを寝かしつける時、ママは横でシャバアーサナをするのもおすすめ。

1 あお向けに寝て足を腰幅に開く

あお向けに寝て、目を閉じ、足を腰幅に開く。身体の中心軸がまっすぐになっているか感じる（首や腰が曲がっていないか？）。自然な深呼吸をくり返す。腕も足も楽に伸ばし、身体全体の力を完全に抜く。

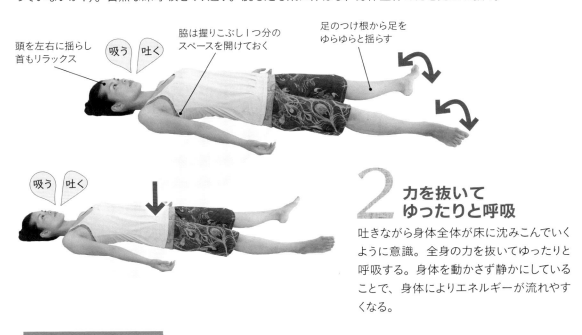

- 頭を左右に揺らし首もリラックス
- 吸う／吐く
- 脇は握りこぶし1つ分のスペースを開けておく
- 足のつけ根から足をゆらゆらと揺らす

2 力を抜いてゆったりと呼吸

吐きながら身体全体が床に沈みこんでいくように意識。全身の力を抜いてゆったりと呼吸する。身体を動かさず静かにしていることで、身体によりエネルギーが流れやすくなる。

これでもOK！ 身体の力が抜ける心地いい姿勢を選びましょう。

抱っこで歩き回った日は、足を少し高くして、足の疲れを癒そう。

ひざの下にバスタオルをまるめたもの、ブランケット、クッションなどをあてて少し高さをつける

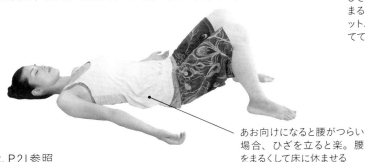

あお向けになると腰がつらい場合、ひざを立てると楽。腰をまるくして床に休ませる

※起き上がり方は、P.21参照

アンバランス（左右差）がないか時々チェックしましょう
ゆがみ　たるみ　ゆるみ　セルフチェック

あなたはどのタイプ？

| 反り腰でっ尻 | ○ 正しい姿勢 | 骨盤押し出し |

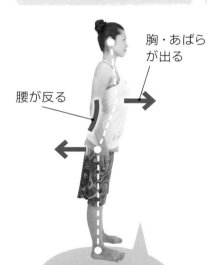
胸・あばらが出る
腰が反る

骨盤が前傾し胸を反りすぎあばらが出ている
↓
お腹はゆるみお尻は突き出て大きく見える
腰が緊張する（腰痛の原因に）

重心が中心に整い1本軸が通っている
↓
お腹とお尻に程よく力が入り正しい姿勢を維持できる

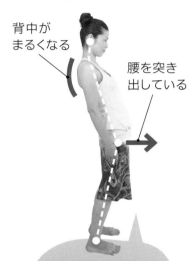
背中がまるくなる
腰を突き出している

重心が前にずれて腰を前に突き出している
↓
腹筋に力が入らない猫背になる
腰が緊張する（腰痛の原因に）
胸が垂れる

体側の倒しやすさは？

身体のねじりやすさは？

左右どちらかやりやすい方、やりにくい方はありませんか？

上半身のゆがみチェック

肩が前に入っている

肩がねじれている

正座した時片方のひざが出ている

肩の高さが違う

高い

鎖骨の角度、高さが違う

斜め

肩の回しやすさは?

あがりにくい方、まわしにくい方はありませんか?

下半身のゆがみチェック

足をパタパタと動かした時

中に入りやすい方、入りにくい方はありませんか?

左右のひざの倒しやすさの違いはありませんか?

外に倒しやすい方、倒しにくい方はありませんか?

腰やお尻のつっぱり感はありませんか?

頭・首のゆがみチェック

首の倒しやすさは？

頭はまっすぐ？

頭は無意識のうちに傾いていませんか？

胸とお尻のたるみ・ゆるみチェック

バストトップの位置は下がっていませんか？

下着なしで肩と肘の間にバストトップがあればOK

お腹に緊張感がない。下腹がポッコリ。

お尻と腰、太ももとの境界があいまい。メリハリがなくのっぺり、四角い。

バランス力・脚力チェック

胸の高さでひざを両手で抱えられますか？
片足でバランスがとれますか？

手をほどき、脚を胸に引き寄せたまま30秒以上キープできますか？

定期的にチェックを行い、正しい姿勢がとれるようになるまで継続するようにしてください。

Part.3
産後リセットヨガ①骨盤編
ゆがんだ骨盤をしなやかな骨盤にかえる

SET① 骨盤を前後に動かす

 猫と牛のポーズ — 骨盤をゆるめ、前後になめらかに骨盤の傾きを調整しやすくする

 横たわった英雄のポーズ — かたい前ももをゆるめ、たるんだお尻を引き上げ、背中もスッキリ

 三日月のポーズ — そけい部のつまりをとり、下半身のリンパの流れと血流をアップ

SET② 骨盤を閉じる動き

 クロスでひざたおしのポーズ — 骨盤を閉めながら腰、お尻、体側を気持ちよく伸ばし、めぐり美人に

 牛面のポーズ — お尻、ももの前面を伸ばす。股関節周りを調整し、体側も気持ちよく伸ばす

 椅子のポーズ — 脚、股関節、体幹を強化し、ヒップアップやウエストにしっかり効く

SET③ 骨盤を開く動き

 やさしい開脚前屈のポーズ — 授乳や抱っこの、長時間の座り姿勢で縮んだお尻、下半身のつまりやゆがみに

 ハッピーベイビー — 心を落ち着け疲労回復♡無邪気なベビーになって心と身体を休める

 女神のポーズ — 骨盤を支える脚力をアップ！お尻をひきしめ代謝を上げて太りにくい身体にする

今すぐ変われる！ 骨盤を立てて「ゆがみ」知らずの美姿勢に

身体がゆがむと引き起こす、たるみとゆるみ。
「出産で骨盤がひろがったせいだ…」と感じている方も多いのでは？
でも、実は骨盤はひろがっておらず、骨盤の傾きが問題かも？
骨盤が前傾すると「反り腰」に、後傾すると「猫背」になるので注意！

たった3秒！ 骨盤をきちんと立てるだけで解決！

おへそを背中に引き寄せ、下腹を引き上げ、お尻の穴を床に向ける。P.23のタックインの姿勢です。

すると、どうでしょう？ お尻がひきしまり、引き上がっています。反り腰（骨盤前傾）の時より、お尻がコンパクトなりましたね（反り腰になるとお尻はひろがり、あひるのお尻のように大きく見えます）。

お腹を触ってみるとどうでしょう？ 下腹もひきしまり、反り腰の時よりかたく感じられますね。

そう！ 実は、普段から骨盤を立ててタックインの姿勢をとるだけで、ゆがみやひろがりをすぐに解消できるのです！

> **大切！** 骨盤前傾の反り腰になるとお腹もゆるむ。
> 骨盤を立てるだけでお尻もお腹もひきしまる。

さらに！ 骨盤を動かすと左右60の筋肉が動いて代謝UP！

骨盤には左右60の筋肉が付着し、身体のさまざまな個所と連携しています。

その中でも、右図の筋肉は、骨盤の位置を整え下半身の動きを作りだします。

3章では、骨盤を動かすポーズで右図の筋肉をしっかり動かしていきます。

産後は腸腰筋・内転筋がとくに弱りがち。また骨盤の向きや姿勢だけでなく、反り腰の要因には、かたくなった腸腰筋が影響大！ゆがんだ骨盤を正常の位置に戻すと、姿勢がよくなり腰痛予防にも。

骨盤の底を支える骨盤底筋のひきしめもあわせて意識しましょう。

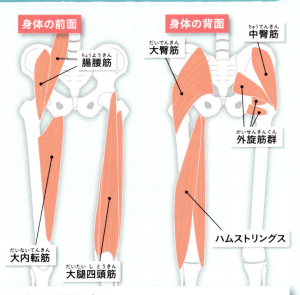

- **腸腰筋**：足を持ち上げる。産後は張りやすく反り腰の原因になる。
- **大腿四頭筋・ハムストリングス**：下半身の安定、足のむくみ、疲れ、セルライト予防に。
- **大内転筋**：弱るとひざが開く。強化すると美脚に。
- **大臀筋・中臀筋**：強化するとヒップアップ、小尻に。
- **外旋筋群**：骨盤・股関節を安定させる。よい姿勢の要。

あなたの骨盤はどこにある?

まずは触ることから!

平面図では形状がイメージしにくい骨盤。
骨盤がゆがんでいるというけれど、あなたは骨盤を実際に触ってみたことはありますか?
骨盤の悩みを解消するには、まず自分の骨盤を知ることが大事。

まずは前から触ってみよう

❶ 胸の下の「肋骨」を触ってみましょう。そこから下がると骨はなくなり、ウエストになります。

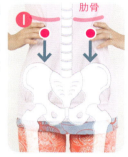

❸ 腸骨に親指をそえて前に移動していくとぐりぐりと出た骨（上前腸骨棘）が左右にあります。ヨガで「骨盤を正面に向ける」時はこの2点を正面に向けましょう。

❷ ウエストの下にあるのがいわゆる腰骨。これが骨盤の中で一番大きな骨「腸骨」です。

❹ 骨にそって下がりましょう。そのまま進むと「恥骨」にたどり着きます。お産間近になると、恥骨の結合がゆるみ痛みを伴うのが恥骨痛です。

今度は後ろから触ってみよう

❶ 先ほどの❸のぐりぐり（上前腸骨棘）から腸骨のカーブにそって後ろへ触っていきましょう。カーブは少しずつ下がっていきます。骨が大きな羽のようです。

❹ お尻の割れ目にそって骨をたどると、どんどん奥に入る最後のカーブが「尾骨」です。『尾骨をたくし込む』とあれば、犬がしっぽをまいて足の間に挟むのをイメージしてお尻の穴を床に向けます。最後に座って、左右のお尻の底をさわるとぐりぐりとした骨が「坐骨」です。
安楽座では、坐骨を床に根付かせます。

❷ 腸骨から次は、骨盤を構成するもう一つの大きな骨、「仙骨」にあたります。これと「腸骨」をつなぐこの関節が「仙腸関節」です。

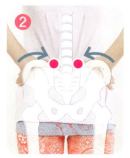

❸ 仙骨にてのひらをあててみましょう。温めてあげるとリラックスできます。

骨盤をゆるめ、前後になめらかに骨盤の傾きを調整しやすくする

SET-1 ゆるめる

猫と牛のポーズ

骨盤の前後の動きを感じながら背骨と連動して動かす練習をしよう。
背中一つ一つを動かして、背中の緊張やコリをゆるめ自律神経の乱れを整える。

DVD収録

1 四つばいになる
足は腰幅にし、手は肩幅に広げ、手はパッと開いておく。おへそを背中に引き寄せ、首を長く保つ。

2 吸いながら牛のポーズ
吸いながら骨盤を前に倒し、背骨一つ一つを動かすように意識し胸を反らす。

3 吐きながら猫のポーズ
骨盤を後ろに倒し、背中をまるめ肩甲骨を高く引き上げる。

4 子どものポーズでリラックス
お尻をかかとにおいて、おでこを床に近づけ休む。余韻を味わいましょう。

- 肘は伸ばしきらず軽く曲げておく
- 手は肩の真下
- ひざは足のつけ根の真下
- 首は反らせすぎない
- 目線は軽く手の斜め前方へ
- 吸う
- くり返す
- 10セット
- 背中をまるめ肩甲骨を高く引き上げる
- 吐く
- 目線はおへそへ
- 深呼吸

NG
- 首が反りすぎ
- 腰が反っている
- 手足の幅が広すぎる
- お腹が落ちている

36

骨盤 SET-1 ととのえる

かたい前ももをゆるめ、たるんだお尻を引き上げ、背中もスッキリ

①骨盤編 SET-1 骨盤を前後に動かす

横たわった英雄のポーズ

前ももを伸ばし股関節と骨盤の動きを高め、左右差を調整。
無理せず重力に身をまかせましょう。足のつけ根をゆるめてつまりをとる。

DVD収録

1 右足を曲げ、もも、足の甲を伸ばす

両足を伸ばして座り、お尻の後ろに両手をつく。右足を曲げ、かかとをお尻の横、両ひざは近づける。前ももの伸び、足の甲の伸びを感じる（3〜5呼吸）。余裕があれば、肘をつく。
※腰痛、ひざ痛の人は無理をしない。

吸う／吐く
！ここでキープ
3〜5呼吸
前ももの伸びを感じる
両ひざは離れないように
かかとをお尻の横にもってくる
足の甲の伸びを感じる
腰の反らせすぎに注意

2 背中をつき両手を伸ばす

さらに余裕があれば背中をつく。両手を伸ばすとお腹も伸びる。

反対側も同様に

ひざは閉じ床につけておく

3 両ひざを曲げ、もも、足の甲を伸ばす

両手をお尻の後ろにつき、両ひざを曲げる（3〜5呼吸）。余裕があれば肘をつく。ひざはひろげず床につけておく。

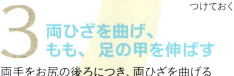

！ここでキープ
吸う／吐く
3〜5呼吸

チャレンジポーズ
背中を床につける

4 片足ずつひざを伸ばしリラックス

片足ずつ伸ばし起き上がり余韻を味わう。
※起き上がり方 P.21 参照

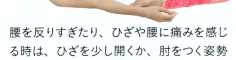

吸う／吐く

腰を反りすぎたり、ひざや腰に痛みを感じる時は、ひざを少し開くか、肘をつく姿勢に戻るか、すぐにポーズから抜けましょう。

ゆるめる／ととのえる／ひきしめる

産後リセットヨガ①骨盤編 Part.3

そけい部のつまりをとり、下半身のリンパの流れと血流をアップ

三日月のポーズ

足を前後に大きく開き、上半身の重みで足のつけ根（そけい部）とお尻まわりをしっかり伸ばすと、リンパの流れと血流がスムーズになり、むくみ解消に。体幹強化にも◎。

1 四つばいになる

2 右足を両手の間におき、左ひざを伸ばす

右足を両手の間におき、手は指先だけをつき、後ろの左ひざを伸ばし、かかとを押し出す。

軽く腰を落とし、足のつけ根（そけい部）の伸びを感じる

3 手と足で引き合うように伸びる

おへそは背中に引き寄せる。かかとを押し出し、もも裏を引き上げ右手を遠くに伸ばす（3〜5呼吸）。内もも同士を引き寄せると姿勢が安定する。

かかとを押し出す
腰の反りすぎまるくなりすぎ注意
吸う / 吐く
あごを軽く引く
肩の力を抜く
ここでキープ
3〜5呼吸
ももを引き上げる
骨盤は床に向け、右のお尻は上体についていかないように後ろに引く。

NG
背中が反る
あごが突き出て上がる
肩がすくむ
お腹が落ちる

4 上体をゆっくり起こし、腰を沈める

右手をおろし、ひと呼吸おいたらゆっくり上体を起こす。手は腰にそえる。前ももの伸びを感じましょう（3〜5呼吸）。

NG
- 腰が反りすぎ
- ひざが前に出すぎ

! ここでキープ

3〜5呼吸

吸う / 吐く

- 反り腰注意
- 腰を沈み込ませ足のつけ根を伸ばす
- 内もも同士を寄せ合うようにイメージ。お尻の穴を床に向け、尾骨をたくし込む
- 90°
- ひざの下にかかとがくる

①骨盤編　SET-1 骨盤を前後に動かす

ゆるめる / ととのえる / ひきしめる

5 手を歩かせ反対側を向く

吐く息で両手を床におろす。手を左足の方に歩かせて両手の間に左足がくるようにして、左足も②から同様に行う。

反対側も同様に

チャレンジポーズ
両手を上げてみましょう

余裕があれば胸とわきを後ろに引く（3〜5呼吸）。

3〜5呼吸

吸う / 吐く

- 両肩はリラックス
- 腰の反りすぎ注意
- ! ここでキープ
- ひざの下にかかとがくる

6 子どものポーズでリラックス

両手を床につき、左足を後ろに引いて四つばいに戻る。お尻をかかとにおろし子どものポーズでリラックス。

深呼吸

骨盤を閉めながら腰、お尻、体側を気持ちよく伸ばし、めぐり美人に

SET-2 ゆるめる 骨盤

クロスでひざたおしのポーズ

左右に倒してビフォーアフターの倒しやすさをチェックしよう。ひざを固定して足を倒すことで、体側やお尻と股関節の深い所まで伸ばし、リンパの流れを促進。

DVD収録

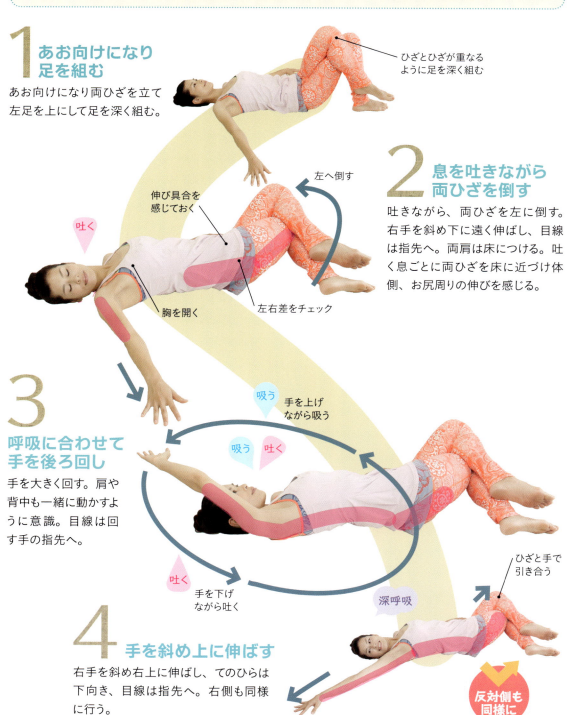

1 あお向けになり足を組む
あお向けになり両ひざを立て左足を上にして足を深く組む。

・ひざとひざが重なるように足を深く組む

2 息を吐きながら両ひざを倒す
吐きながら、両ひざを左に倒す。右手を斜め下に遠く伸ばし、目線は指先へ。両肩は床につける。吐く息ごとに両ひざを床に近づけ体側、お尻周りの伸びを感じる。

・左へ倒す
・伸び具合を感じておく
・吐く
・胸を開く
・左右差をチェック

3 呼吸に合わせて手を後ろ回し
手を大きく回す。肩や背中も一緒に動かすように意識。目線は回す手の指先へ。

・吸う 手を上げながら吸う
・吸う 吐く
・吐く 手を下げながら吐く
・深呼吸

4 手を斜め上に伸ばす
右手を斜め右上に伸ばし、てのひらは下向き、目線は指先へ。右側も同様に行う。

・ひざと手で引き合う
・反対側も同様に

SET-2 ととのえる
お尻、ももの前面を伸ばす。股関節周りを調整し、体側も気持ちよく伸ばす

①骨盤編 SET-2 骨盤を閉じる動き

牛面のポーズ
足をひざ下で交差して組むことでお尻をしっかりストレッチ。
体側、骨盤周りの伸びの左右差（ゆがみ）がわかりやすいポーズ。

DVD収録

1 足を交差させて座る
安楽座で座り、左足を右足の上に交差させる。両ひざが上下にそろうように、左足の甲を持ち、お尻の横に引き寄せる。

左足をお尻の横に引き寄せる

2 肘を持ち体側を伸ばす
右足の甲を床につける。左肘を曲げ、右手で左肘を持つ。吐きながら上体を右に倒し、わきや体側を伸ばす。

ゆるめる / ととのえる / ひきしめる

3 手を後ろで組み前に倒す
両手を背中の後ろで組み、てのひらを合わせ肩甲骨を寄せる。吸いながら背すじを伸ばし、吐きながら上体を前に倒す。足のつけ根をしっかり根付かせ呼吸する（3〜5呼吸）。反対側も同様に行う。

天井の方へ引き上げる
肩甲骨周りをほぐす
吸う / 吐く
3〜5呼吸
ここでキープ

下の足と同じ側の肘を曲げる
足のつけ根は重くし、肘と引っ張り合う
足の甲も伸ばす

反対側も同様に

ここでキープ
3〜5呼吸
吸う / 吐く

4 足を伸ばしてリラックスする
吸う息で上体を起こす。終わったら足を投げ出してリラックス。

深呼吸

脚、股関節、体幹を強化し、ヒップアップやウエストにしっかり効く

SET-2 ひきしめる 骨盤

椅子のポーズ

単にひざを曲げるだけではなく、腰を後ろに引きお尻を突き出し、プルプルするところまで効かせられればOK。背すじはまっすぐにし体幹を意識。

DVD収録

1 山のポーズで立つ

足を腰幅にして、つま先は正面。タックイン（P.23参照）して立つ。

2 ひざを曲げ足のつけ根を後ろに引く

遠くの椅子に座るように意識

手を足のつけ根にあて、足のつけ根を後ろに引く（手で後ろに導いていく）。
ひざの位置は変えず、お尻を突き出す。

吐く

前ももではなく、もも裏やお尻に効いていればO.K.

ひざはかかとよりも前に出すぎないよう注意

3 指先で床をタッチする

背中がまるくならないよう注意

指先が触れるまでゆっくりコントロールしながら腰を落とす。

ひざはつけず腰幅にしておく

吸う
吐く

NG
- 腰や背中がまるくなる
- あごを突き出す
- 肩がすくむ
- ひざが前に出る

4 上体を起こし手を前方に伸ばす

腕・肩はリラックス

ひざはかかとの上

吸いながら上体だけ起こして、腕を肩と同じ高さに伸ばす。ひざはしっかり正面に向ける（3〜5呼吸）。

お尻と手で引っ張り合うイメージ

3〜5呼吸

！ここでキープ

5 両手を合わせる

両手を胸の前で合掌し、肘を左右に開く。上体をねじる準備をする。

6 上体をゆっくりとねじる

吐きながら上体を右にねじり足のつけ根をさらに後ろに引いて、上体を倒す。右ひざの外側に左肘をかける。

右肘を引き胸を開く

7 胸と肩を開きさらにねじる

右肘と肩を開き、左指先を床につく。右てのひらを仙骨にあてる。お尻と頭を引き離すように背すじを伸ばし呼吸する（3〜5呼吸）。⑤に戻り反対も行う。

!ここでキープ

3〜5呼吸

肩の力は抜き、目線は天井方向へ

吸う 吐く

ねじりを深めても、ひざは同じ幅を保つことで骨盤の調整になる

反対側も同様に

チャレンジポーズ

吸う 吐く

8 山のポーズでリラックスする

⑤に戻したら、ひざを伸ばして立ち、余韻を味わう。

深呼吸

上体をしっかり維持できたら、手を上に伸ばす。両手で引き合いねじりを味わう。

①骨盤編 SET-2 骨盤を閉じる動き

ゆるめる / ととのえる / ひきしめる

骨盤 SET-3 ゆるめる
授乳や抱っこの、長時間の座り姿勢で縮んだお尻、下半身のつまりやゆがみに

やさしい開脚前屈のポーズ

ももの内側（内転筋）、お尻（大臀筋）を伸ばし、骨盤のゆがみをとる。上半身をつなぐ骨盤の動きをなめらかにし、連動を深める。

DVD収録

1 ひざを揺らし股関節をゆるめる

足の裏を合わせる。ひざを上下に動かしゆるめる。反動はつけずに、下におろすのを意識して20回、上げるのを意識して20回揺らす。

2 足を開いて軽くひざを曲げる

足を広げ軽くひざを曲げる。お尻を1-2歩後ろに歩かせて、骨盤をしっかり立てる。お尻の中に埋まっている坐骨と足裏で上体を支える。

ひざの曲げ具合、足幅は、内ももが心地よく伸びるところを選ぶ。

3 手を歩かせながら上体を前屈する

手を歩かせて足のつけ根から前屈していく。吐きながら、内ももが心地よく伸びるところでキープ。
身体の重みを上体にあずけ脱力。深い呼吸をくり返す（3〜5呼吸）。

吐く

ひざは一緒に倒さず真上に向ける

3〜5呼吸　ここでキープ

背すじは伸ばして、上体を深く前屈

深呼吸

ひざが内側に倒れないように注意

4 上体を起こし足を伸ばす

息を吸いながら上体を起こし、足を前に投げ出してリラックスする。

NG
腰や背中がまるくなる
骨盤が立っていない

心を落ち着け疲労回復♡無邪気な ベビーになって心と身体を休める

ハッピーベイビー

股関節をゆるめ、内ももや背中の伸びを感じる。ベビーも時々笑顔でこのポーズをしています。一緒にやってみましょう。

DVD収録

1 あお向けになり両ひざを立てる

2 足裏を合わせ引き寄せる

足裏を合わせ、足の甲を両手で持つ。足の重みで自然に足を引き寄せながら数回呼吸する。

吸う　吐く

3 足裏を天井に向け手で引き寄せる

足裏を外側から両手で持ち、天井へ向ける。吐きながら両ひざを床の方に近づける。吸う息でゆるめ、吐いてひざを床に引き寄せる（3〜5呼吸）。

首は長く、頭は遠くに伸ばす

吸う　吐く

ここでキープ

3〜5呼吸

手は外側から回す

背中やももの伸びを感じる

吸う　吐く

4 仙骨のゆがみを調整する

左右にお尻をゆらゆらと揺らし仙骨のゆがみも整える。

 **SET-3 ひきしめる** 骨盤

骨盤を支える脚力をアップ！お尻をひきしめ代謝を上げて太りにくい身体にする

女神のポーズ

股関節を開き、下半身の大きな筋肉を動かす。腹筋にも効くポーズ。ひきしまったお尻をつくる。重くなるベビーの抱っこ対策に。

 DVD収録

1 足を左右に大きく開く

足を腰幅より広めに開き、ひざと同じ方向につま先を外へ開く。タックイン（P.23参照）して立つ。

吐く　吸う　吐く

3〜5呼吸

ここでキープ

下腹を引き上げる
お尻の穴を下に向ける
内ももお尻の伸びを感じる
上体を起こし前かがみにならないようにする

2 吐きながら腰を沈める

背すじを伸ばし、吐きながら腰を真下に落とす。ひざはつま先と同じ方向に向け、ももは床と平行になるところまでひざを落とす（3〜5呼吸）。

これでもOK

②がつらい場合は手をももの上においてキープしてもOK。前かがみになると効かないので、腰はまるめない。

NG
反り腰
あごが上がる
胸が反る
ひざが前に出すぎ
お尻が上がりすぎ・落としすぎ

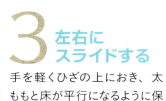

3 左右にスライドする

手を軽くひざの上におき、太ももと床が平行になるように保ちながら左右に揺らしていく。

- 吸う / 吐く
- 腰を深く落とす
- 手で支えすぎない
- ゆっくり揺らす

4 手を上げ体側を伸ばす

吸いながら、左手を伸ばし、吐きながら体側を右に倒す。あごを引いて目線は指先へ。足のつけ根をしっかり沈み込ませる。

- 吸う / 吐く
- 反対側も同様に
- 下半身を安定させる

5 お尻を落としてリラックスする

足幅を少し狭め、お尻を足の間に落として胸の前で合掌。ひざと肘で押し合いリラックス。

- 深呼吸
- 肘とひざで押し合う
- お尻を気持ちよくストレッチ

①骨盤編 SET-3 骨盤を開く動き

ゆるめる / ととのえる / ひきしめる

産後リセットヨガ①骨盤編 Part.3 47

- Column -
はじめよう、ヨガのある子育て

　ヨガのマインドは、「自分らしい子育てをしながら、私たちが自分らしく生きていく上で、とても大切なこと」を教えてくれます。

　出産前から好きだったヨガ。7ヶ月の息子を連れて産後ヨガに参加しました。リフレッシュしたい！と、意気込んで行ったものの、息子は最初から最後まで泣きっぱなし。ほとんどポーズはできませんでした。でも、「なんだかベビー連れのヨガっていいなぁ」って直感で感じた私です。それがきっかけで、今はベビーと一緒にできるママが笑顔になるヨガをお伝えしています。

　ヨガのマインド（考え方）をライフスタイルに取り入れると、産後のストレスやイライラ・子育ての不安が不思議とやわらいでいくんですよ。ヨガを子育てに取り入れて、ぜひ、あなたらしく心地よい子育てスタイルを見つけてみてくださいね。

比べない、競わない

　ヨガというと、難しいポーズをイメージするかもしれませんが、実は、ヨガには完璧なポーズはありません。年齢や経験、背の高い人低い人、男性女性、産前産後、柔軟性の有無などにより、同じポーズをとっても、それぞれの形は異なります。完璧なポーズを追い求めることは、そもそも必要ない……つまり、だれかと比べたり、競ったりする必要もないのです。

ありのままを受けとめる

　いい悪いで判断して○×を付けるのではなく、今目の前で起こっていることをただありのままに受け止めることで、あるがままの自分を受け止められるようになります。いろいろな感情に振り回されて一喜一憂せずに、客観的に冷静に受けとめられるようになりますよ。

今ここにいることを大切に

　ベビーと過ごす時間は、本当にあっという間に過ぎてしまいます。点の連続が線になるように、「今」という瞬間の連続が私たちの人生になるのです。過去を振り返って後悔したり、未来に不安ばかりを感じるのではなく、今という瞬間を精一杯生きることが大切です。自分の呼吸に意識を向けると、いつでも「今ここにいること」を感じることができます。

　日々成長していくのは、ベビーもあなたも同じ。世間でいう「一般」「ふつう」と比べたり競ったりする必要もありません。ありのままを受け止め、今の自分や子どもと向き合える時間を楽しんでみてくださいね。

まるごと あるがままに 受けとめようって

Part.4 産後リセットヨガ②お腹編
自前のコルセットを強化　下着でしめつけない体づくり

SET①
お腹の前面を目覚めさせる

 橋のポーズ
眠っている、お腹の前面を目覚めさせる。背中もしなやかに

 船とテーブルのポーズ
たるみやシワのないひきしまったしなやかなお腹になる

 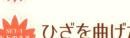逆転のムドラー
出産でゆるんだポッコリお腹を目覚めさせる！血流がよくなり美肌にも◎

SET②
くびれを目覚めさせる

 体側伸ばしのポーズ
気持ちよく伸びて体側のこわばりをとり、ひきしまったくびれをつくる

ひざを曲げた賢者のポーズ
脇腹を目覚めさせ、くびれを磨く自前のコルセットを強化

体側を伸ばす&ねじりのポーズ
脇腹を伸ばして、ねじってスッキリ！女性らしいくびれをつくる

SET③
お腹と背中を目覚めさせる

 肘まわしコブラのポーズ
お腹を伸ばして首・肩をゆるめる！後ろ姿も美しくなりバストアップに

 後ろに倒すだけ腹筋
産後にやさしい後ろ倒し腹筋とねじりでゆがみも調整

 肘つきプランク
伸ばしてキープ！体幹の安定性とバランス力を付け、背中、お腹をひきしめる

もしかして
あなたも？

産後のポッコリお腹の原因はこれだった？！

ポッコリお腹の原因といわれる腹直筋離開のチェック方法を知ろう！

妊娠時にのびた筋肉をそのまま放っていませんか？

出産後も妊娠中のようにふくらんだままのお腹。妊娠時、みぞおちから恥骨を結ぶ腹直筋の間にできた溝が産後も広がったままになり、さらに反り腰になると腹直筋は使われることなくそのままに。それがポッコリお腹の原因になります（腹直筋離開という）。

妊娠前のお腹

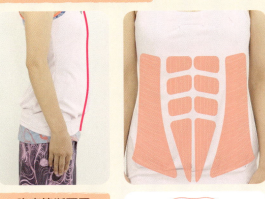

腹直筋断面図

妊娠中のお腹

ひろがる

あなたの腹直筋は今も伸びている？　腹直筋のチェック方法

1. あお向けになり両ひざを立てる。
2. おへそを背中に引き込み、おへそをしっかり覗き込む。
反動で、腹圧をかけてお腹を中から押し出さないように注意する。

3. おへそより少し上のお腹を左右に指で動かす。腹直筋の間にある溝がどのくらい離れているか？　指1本分？　2本分？（3cm以上開いている人も）

産後は避けたい腹筋

急に負荷の高い腹筋運動をしない
あお向けから反動をつけて起き上がるのを避ける

腹圧をかけてお腹を押し出すのはNG

下着でのしめつけはもう卒業！

姿勢を正してポッコリお腹解消！

姿勢が崩れると、内臓を包み込む筋肉の支える力が弱まり、お腹がポッコリに！

②お腹編　産後リセットヨガ

4つの筋肉を強化！自前のコルセットでしめる身体づくり

表層より
① 腹直筋　　お腹を縦方向に支える
　　　　　　　弱まるとポッコリお腹に
② 外腹斜筋・③ 内腹斜筋
　　　　　　　身体をひねる、ねじる時に働く、
　　　　　　　くびれをつくる
④ 腹横筋　　コルセットのように
　　　　　　　体幹・骨盤を安定させる働き

産後、すべての腹筋がゆるんでしまいます。でも大丈夫！　下着でしめつけなくても、しっかり骨盤を立てて背すじを伸ばすだけでお腹周りがスッキリします。

✕ 姿勢が悪いとお腹がポッコリ　　〇 姿勢を正してくびれスッキリ

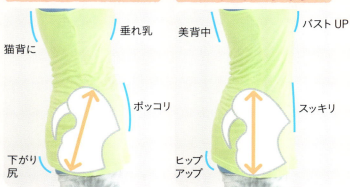

猫背に／垂れ乳／ポッコリ／下がり尻
美背中／バストUP／スッキリ／ヒップアップ

- へこんでスッキリ！
- 姿勢がキレイに
- 腰痛改善
- 若く見える！
- 肩コリ首コリ解消

ポッコリお腹を解消する「おへそを引き寄せる呼吸」

① あお向けで手をハートの形にしておへその下にのせる。

② おへそを引き込みながら息を吐ききる。お腹がぺちゃんこになるまで十分吐ききり、深部の腹筋群まで働きかける。吸いながらゆるめる。

お腹にそえた手でお腹がへこむのを確認する。内臓脂肪や腸がマッサージされお通じも快調に。

おへそを引き寄せる呼吸を意識して、お腹をひきしめ、『自前のコルセット』をしっかり機能させよう。

SET-1 ゆるめる　眠っている、お腹の前面を目覚めさせる。背中もしなやかに

橋のポーズ

通常の橋のポーズのようにお腹を伸ばすのではなく、骨盤を少し後傾させた状態でお腹を引き上げ、お腹周りの筋肉を意識しながら行う。

DVD収録

1 ひざを立て、おへそを引き寄せる呼吸を練習する

おへそを引き寄せる呼吸を何度か練習しましょう（前ページ参照）。両ひざを立ててあお向け、手は身体の横、足は腰幅にする。

2 ひざの下にかかとを移動する

ひざの下にかかとをおき、つま先はひざと同じ方向へ。少し腰をまるめる（骨盤を後傾させる）。

胸と恥骨を近づけるようにし腹直筋を意識

吸う　吐く

ひざの下にかかとをおく

3 お尻をゆっくり持ち上げる

吸いながら腰を反らさずに骨盤の後傾を保ったままお尻を持ち上げる。吐いてお腹を薄くしてキープ（3〜5呼吸）。

吸う　吐く

！ここでキープ

3〜5呼吸

縮めるように

腰を反らさない

くり返す　3〜5セット

4 吐きながら背中をおろしゆるめる

背骨を上からゆっくりおろし肩甲骨、背中、腰、お尻を一つずつ床につけるのを意識（3セット）。

吐く

ゆるめる

一つずつコントロールしておろすことが大切

NG
腰が反るとお腹に効かない
足のスタンス広い
腰が反りすぎ

5 ひざを揺らしてお腹をリラックスする

ひざを左右に揺らしてお腹をゆるめる。

たるみやシワのないひきしまった しなやかなお腹になる

②お腹編 SET-1 お腹の前面を目覚めさせる

船とテーブルのポーズ

骨盤が後ろに倒れると背すじがまるくなりお腹に効いていない。常に頭を遠くに伸ばすように意識し、倒すことで腹直筋がひきしまってくる。

1 ひざを立ててひざ裏に手をそえる

骨盤をしっかり引き起こし、背すじはまっすぐに保つ。

2 上体を倒し足を持ち上げる

息を吸いながら上体を少し後ろへ倒し、ゆっくり足を持ち上げる。すねを床と平行にし、足首は自然に保つ。おへそは背中に引き寄せてしっかりと上体を支える（3〜5呼吸）。

3 手を後ろにつきお尻を持ち上げる

足をゆっくりおろし、てのひらをお尻の後ろにつき、指先は前の方へ向ける。おへそを背中に引き寄せ、お尻をゆっくり持ち上げる。そのままキープして呼吸（3〜5呼吸）。

余裕があれば手を足先の方へ伸ばす。二の腕もひきしまる

!ここでキープ　3〜5呼吸

お腹、足のつけ根をしっかりと引き上げ、ももやお腹の伸びを感じる

2と3を3セット

!ここでキープ　3〜5呼吸

NG　お尻が落ちている

4 お尻をおろしひざを揺らしてリラックスする

お尻を床におろしたら、ひざをゆらゆらと左右に揺らしてリラックス。

お腹 SET-1 ひきしめる
出産でゆるんだポッコリお腹を目覚めさせる！血流がよくなり美肌にも◎

逆転のムドラー
腹圧をかけてお腹を押し出さないように注意し常におへそは床へ引き寄せておく。血流をよくし、足の疲れやむくみをとる。腹直筋を強化する。

DVD収録

簡単バージョンでまずは練習

1 ひざを胸に引き寄せる
あお向けになり、吐きながら右ひざを引き寄せる。

2 伸ばした足を持ち上げる
左足を床すれすれにグーッと伸ばす。腸腰筋を伸ばし、反り腰を解消する（3〜5呼吸）。反対も行う。

腰は床につけておく / お尻もしっかり伸ばす / ここでキープ / 反対側も同様に / 3〜5呼吸

慣れてきたら腹筋をさらに意識

1 おへそを引き寄せる呼吸をする
あお向けになり両ひざを立てる。おへそを引き寄せる呼吸を何度か練習（P.51 参照）。

2 足裏を天井に伸ばす
吸いながら足の裏を天井に向け、持ち上げる。吐きながらベビーの出口（骨盤底筋）を閉める。かかとを天井にぐんと突き上げ、つま先は引き下げる（3〜5呼吸）。

足は腰幅にする / 手は身体の横

NG　お尻が浮きすぎる

足元にたまった血液を心臓に戻し、循環をよくし美肌に / 3〜5呼吸 / ここでキープ / ひざは曲がっていてもO.K. / おへそは床へ

3 足を45度まで倒す

両脚と頭を遠くに伸ばし、吐きながらゆっくりおろす。お尻、腰は浮かせず床につける。おへそは床へ。呼吸を続ける（3〜5呼吸）。

吸う　吐く

45°

!ここでキープ

3〜5呼吸

足に頼るとお腹に効かない！

4 吐きながら足をさらに倒す

さらにその半分まで倒す。吸いながら真上に戻す。呼吸は止めずに続ける（3〜5呼吸）。

吸う　吐く

!ここでキープ

3〜5呼吸

反り腰注意

②〜④を3〜5セット

NG
あごが上がるとお腹ではなく背筋を使ってしまう。あごは引いておく
お尻が浮く
腰が反る

チャレンジポーズ
細かく歩いて戻る

内ももを寄せながら直上へ6歩かけてゆっくり戻る。

吸う　吐く

5 ひざを揺らしてリラックス

足裏を床につき、左右にひざをゆらゆらと揺らし、お腹をゆるめる。

深呼吸

お腹　SET-1　お腹の前面を目覚めさせる

ゆるめる　ととのえる　ひきしめる

産後リセットヨガ②お腹編　Part.4　55

 **お腹** SET-2 ゆるめる

気持ちよく伸びて体側のこわばりをとり、ひきしまったくびれをつくる

体側伸ばしのポーズ

日頃授乳やおむつ替えで前かがみになりがちな姿勢を正す。
固くなった肩甲骨周り、脇腹をほぐし、ゆるんだお腹を引き上げる。

DVD収録

1 手と足で引っ張り合うように伸びる

吸いながら手を組み両手を上げ、背骨を上下に引き伸ばす（3呼吸）。吐いて脱力する。

 吸う／吐く

内もも、お尻を寄せる

2 手を倒し足を歩かせる

手を右側へ倒し、脚を右へ歩かせ、しなるように伸びる。
左足首を右へ倒す（3〜5呼吸）。吐いて脱力する。いきなりめいっぱい伸ばすのではなく、その日の調子を見て加減しながらすすめましょう。

吸う／吐く　！ここでキープ　3〜5呼吸　右へ倒す　反対側も同様に

3 反対もくり返す

次は左へ倒していく（左右2回ずつ）。左右とも同じように伸びるように意識する。身体がじんわり温まってくるまで呼吸をくり返す。

4 足を伸ばしてリラックスする

中心に戻り、余韻を味わう。

深呼吸

SET-2 ととのえる　脇腹を目覚めさせ、くびれを磨く 自前のコルセットを強化

ひざを曲げた賢者のポーズ

お尻を落とさないように、頭からひざまで1本の軸が通っているイメージ。
脇腹（腹斜筋）をしっかり使い、体幹で支えましょう。

DVD収録

1 肘をつき ひざを曲げる

横たわり左肘をつき、ひざを90度曲げる。右手は軽く腰におく。

2 お尻を持ち上げ 背すじを伸ばす

吸いながらお尻を浮かし、背骨をまっすぐに保つ。ひざと肘で床を押し、腰をしっかり持ち上げる。頭を遠くに伸ばし、右手の甲を背中につけ、肘と胸を開く（3〜5呼吸）。

肩の真下に肘
ここでキープ
3〜5呼吸
目線は天井
肘とひざの2点でしっかりと身体を支える
吸う　吐く
肘は後ろに引く意識
押す
ここでキープ
吸う　吐く
押す
3〜5呼吸
反対側も同様に

3 床と平行に 足を持ち上げる

右足を持ち上げ床と平行に伸ばし、かかとを押し出す。おへそを背中に引き寄せバランスをとる（3〜5呼吸）。反対も同様に。

4 まるくなり リラックスする

お尻をおろし、ひざを曲げて小さくまるくなってリラックス。

深呼吸

チャレンジポーズ

手を天井に向かって伸ばす
目線は指先
肘でしっかり床を押す
腰をしっかり持ち上げる

脇腹を伸ばして、ねじってスッキリ！女性らしいくびれをつくる

お腹 SET-2 ひきしめる

体側を伸ばす＆ねじりのポーズ

くびれライン（腹斜筋）を意識して動かすと脇腹がひきしまり、女性らしいボディーラインに。ねじることで内臓脂肪にアプローチ。

DVD収録

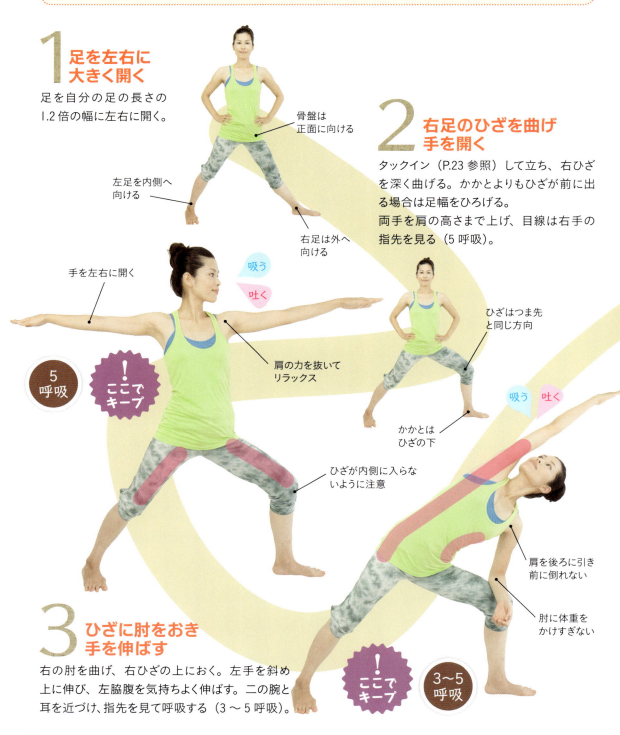

1 足を左右に大きく開く
足を自分の足の長さの1.2倍の幅に左右に開く。

- 骨盤は正面に向ける
- 左足を内側へ向ける
- 右足は外へ向ける

2 右足のひざを曲げ手を開く
タックイン（P.23参照）して立ち、右ひざを深く曲げる。かかとよりもひざが前に出る場合は足幅をひろげる。
両手を肩の高さまで上げ、目線は右手の指先を見る（5呼吸）。

- 手を左右に開く
- 肩の力を抜いてリラックス
- ひざはつま先と同じ方向
- かかとはひざの下
- ひざが内側に入らないように注意

吸う／吐く

5呼吸　ここでキープ

3 ひざに肘をおき手を伸ばす
右の肘を曲げ、右ひざの上におく。左手を斜め上に伸び、左脇腹を気持ちよく伸ばす。二の腕と耳を近づけ、指先を見て呼吸する（3～5呼吸）。

- 肩を後ろに引き前に倒れない
- 肘に体重をかけすぎない

ここでキープ　3～5呼吸

チャレンジポーズ
右の手を右足の内側につく

足幅を少し広げ、足の内側に手をおき、さらに体側を伸ばす。頭から足の先まで軸を通すようなイメージ。

吸う／吐く

4 向きを変え両指をつく

吐きながら、左手をおろしくるりと右を向く。右足の横に手の指をカップにしてつく。目線は斜め前、骨盤は床と平行にする。

おへそを背中に引き寄せ、下半身を安定させる

吸う／吐く

かかとはひざの下にくるように前足の位置を確認

②お腹編 SET-2 くびれを目覚めさせる

ゆるめる／ととのえる／ひきしめる

5 上体をねじり右手を上に伸ばす

右手を天井に伸ばす。上体をねじり、胸は引き上げておく。伸ばした足のかかとを押し出し呼吸する（3〜5呼吸）。

手は天井の方へ伸ばす

わきの下から体側の伸びを感じながら深い呼吸

吸う／吐く

目線は指先

上体は長く保つ

!ここでキープ　3〜5呼吸

左手はてのひらか、指先を足の内側につく

6 足を入れ替える

右手をゆっくりと床におろし、足を入れ替えて反対を向く。反対側も同様に行う。

反対側も同様に

7 子どものポーズでリラックス

最後はひざをつき、四つばいから子どものポーズで休む。

深呼吸

お腹を伸ばして首・肩をゆるめる！
後ろ姿も美しくなりバストアップに

肘まわしコブラのポーズ

天然のコルセットをひきしめるには、背中の筋肉も鍛えて姿勢を整えることが大切。肩や肩甲骨、背中の大きな筋肉を動かし全身をシェイプアップ！

1 うつぶせになる
足は腰幅に開き、お尻は軽くしめ、一度息を吐ききる。

2 胸を引き上げ身体を起こす
吸いながら手の力ではなく肩甲骨を引き上げ胸を起こす。わきをしめ肘を後ろに引く。足の甲でしっかり床を押し、おへそは背中に引き寄せておく（3〜5呼吸）。

腰を反るのではなく肩甲骨から上がる

3〜5呼吸　ここでキープ

肘を後ろに引き、手で床を支えすぎない。胸で引き上げる

3 両肘を後ろに回す
吸いながらつま先を引き上げ　頭と足を引き離すように遠くに伸びる。肩甲骨を寄せるように意識して肘を後ろ回しする（20回）。①〜③をくり返す。

左右の肩甲骨を引き寄せ、反動をつけずに腕を丁寧に動かす

左右の骨盤に均等に体重をかける

4 胸を床におろしてリラックスする
吐いて胸を床におろし、背中、胸をリラックスする。

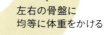

①〜③を3セット

深呼吸

産後にやさしい後ろ倒し腹筋とねじりでゆがみも調整

お腹 SET-3 ととのえる

②お腹編 SET-3 お腹と背中を目覚めさせる

後ろに倒すだけ腹筋

腹筋が弱いと耐えきれず、後ろに倒れてしまうかもしれないが、最初は無理せず行う。ねじりは左右差をチェックしながら行う。

DVD収録

1 両ひざを立てて座り手をクロスする

お尻を1−2歩後ろに歩かせて骨盤を立てる。手を胸の前でクロスし、吐きながらおへそを背中に引き寄せる。

2 吸いながら上体を後ろに倒す

頭を遠くに伸ばしゆっくり後ろへ倒す。もうこれ以上倒せない所でキープ。腹圧をかけてお腹を押し出さない（5呼吸×5〜10回）。吸いながら起こす。

ちょっとお腹がプルプルするところまで倒す

5呼吸

！ここでキープ

吸う / 吐く

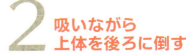

NG
- 背中がまるくなる
- あご引きすぎ
- お尻が浮きすぎる
- 腰がまるい

3 上体をねじり手を後方に伸ばす

左手を右ひざの外側にかけ、右手を後ろにのばし肩の高さでキープ（3〜5呼吸）。吸いながら背すじを伸ばし、吐きながらねじり、お腹をへこませ呼吸を続ける。

3〜5呼吸　！ここでキープ
吸う / 吐く

＜慣れてきたら＞
吐きながら、赤ちゃんの出口（骨盤底筋）をぐっとしめて胸の方に引き上げましょう

反対側も同様に

4 ひざを揺らしてリラックスする

上体を正面に戻し、ひざを軽く左右に揺らしてお腹をリラックスする。

ゆるめる / ととのえる / ひきしめる

産後リセットヨガ②お腹編 Part.4

お腹 / **SET-3 ひきしめる**

伸ばしてキープ！体幹の安定性とバランス力を付け、背中、お腹をひきしめる

肘つきプランク

腰を反らせず、お腹を落さないように注意し続けていると、他のポーズでも安定して動けるようになる。二の腕とお尻のたるみにも。

DVD収録

1 四つばいになり肘をつく

足を腰幅、肘を肩幅に開いておく。

- ひざは足のつけ根の下
- 肩の下に肘をおく

2 かかとを押し出す

右足を後ろに伸ばし、かかとを押し出し、足の伸びを感じる。足を入れ替えて左足も伸ばす。

- スタート時の反り腰注意
- 反対側も同様に
- 吸う／吐く

3 両足を伸ばし、かかとを押し出す

両足を伸ばしかかとを後ろに押し出す（3～5呼吸）。腰や背中は反らせず、頭の先からかかとまで1本の軸が通るように。グラグラしないように安定を保ちタックイン（P.23参照）する。

- 腰は反らせない
- ここでキープ
- 3～5呼吸
- 吸う／吐く

NG
- お尻が浮きすぎる
- 肩がすくまないように肘で床を押し返す

4 余裕があれば右足を持ち上げる

右足を持ち上げ後ろに向かって伸ばし、強い足を保つ。頭からかかとまでを同じ高さにする。呼吸は止めずに続ける（3〜5呼吸）。吐きながら足をおろす。反対の足に入れ替えて伸ばす（3〜5呼吸）。

反対側も同様に

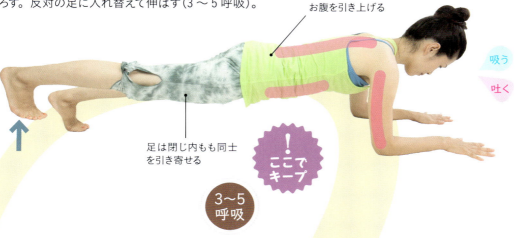

お腹を引き上げる

吸う
吐く

足は閉じ内もも同士を引き寄せる

！ここでキープ

3〜5呼吸

②お腹編 SET-3 お腹と背中を目覚めさせる

ゆるめる
ととのえる
ひきしめる

5 子どものポーズで休みながらくり返す

子どものポーズで呼吸を整える。③〜⑤を3セットくり返す。

③〜⑤を3セット

深呼吸

くり返す

6 うつぶせになりお尻を左右に揺らしてリラックス

うつぶせで休む。今使ったお腹をリラックスしながらお尻を左右にコロンコロンと揺らす。

コロンコロン

深呼吸

- Column -

なぜ今ベビーが泣いているのか？
感じるセンスを高めよう

　抱っこしても寝かせても何をやっても泣きやまないベビーと向き合うのは、ママにとって心が折れそうになるくらい大変なことです。いくら自分のお腹を痛めて産んだかわいいわが子でも、泣き声を聞くと、自分が責められているように感じることもあるでしょう。無力感を感じて落ち込んだり、「もう、いい加減泣き止んでほしい」と思うのは、誰もが経験していることかも。

ベビーの泣き声が、ちょっと不快に聞こえる理由

　実はこのベビーの声は、黒板に爪を立てて引っ掻いた時に出るキーキー音に似ていて、とても不快に聞こえる音だという研究結果があります。

　未熟なベビーは、自分の力で、食べたりお風呂に入ったりすることはできません。不快に聞こえる声で泣くことで、大人にお世話をしてもらい、自分の命を守っているのです。

　私たち大人は、言葉や表情、しぐさ、行動などで、自分の気持ちを伝えることができます。でもベビーは、「泣く」というのが主な伝達手段。つまり泣き声は、快・不快を訴える「ママへのメッセージ」なのです。

ベビーはどんな理由で泣くのでしょう？

　抱っこしてほしい、疲れた、眠い、お腹がすいた、もっとあそびたい、ママこっちに来て！　甘えたい、一人にしないで、この服いやだ。暑い！　寒い！　まぶしい！　おむつが濡れた、背中がかゆい、便秘でお腹が張って痛い、歯が生えてきて歯茎がむずがゆい、ストレスを発散したい……など。もしかすると、私たちの想像以上に、泣く理由があるかもしれません。

大切なのは、「今なぜ泣いているのか？」を感じ取るセンス

　目の開き具合、泣き方、声の大きさ、手足の動かし方などをよく観察していると、もしかしておっぱいかな？　眠いのかな？　と、理由をいくつかに絞れるようになります。すると、対処がとても楽になるのです。「感じ取るセンス（感性）を磨く」ことで、ベビーが泣きやまなくても向き合える余裕ができます。

　でも、「何をやってもだめだった！」「泣いている意味がわからない！」ということも当然あります。「今泣いてる理由はこれかな？」「あ！　当たった〜！」「はずれた〜！」と当てっこをするつもりで、ベビーとの意思疎通を楽しんでみましょう。

　泣き止ませることは「ママの仕事ではありません」。まずは、今泣いているベビーを泣きたいのね、とありのままに受けとめること。

　そして、ママはここにいるよ！　と「ただそばにいて、寄り添う」ことを大切にしたいですね。

Part.5 産後リセットヨガ③肩甲骨編
第2の骨盤 肩甲骨を動かして代謝アップ

SET①　肩甲骨を全方向に動かす

 肩甲骨ほぐし　　縮んだ胸をやわらかく大きく開き肩コリ首コリをゆるめる

 猫のねじりと伸びのポーズ　　肩と背中が伸びてスッキリねじりで左右差を調整

 英雄のポーズ１　　肘の開閉で肩や鎖骨周りを動かしやせスイッチをオンに

SET②　肩甲骨を寄せ胸を開く

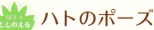 肩甲骨を左右に動かすポーズ　　背中のコリやモリっとした猫背もスッキリ！　肩甲骨の動きを味わう

 ハトのポーズ　　縮んだ脇腹を伸ばして調整くびれを目覚めさせる

 板とコブラのポーズ　　腕立ての姿勢で、眠った背中と二の腕をスッキリひきしめる

SET③　肩甲骨を下げて肩を自由に

 胸を伸ばす腕まわし　　肩甲骨の可動域を最大まで高め肩甲骨を正しい位置に戻す

半分の犬のポーズ　　壁を支えにして、二の腕、わき、背中のつまりをとり柔軟性アップ

 下向きの犬のポーズ　　疲労回復、肩コリの改善腕、肩、お腹、背中をひきしめる

第2の骨盤　肩甲骨(けんこうこつ)を動かして代謝アップ

肩甲骨が第2の骨盤といわれるワケ

その昔、私たちが4足歩行をしていた時、肩甲骨は、前足を支えて骨盤と同じ役割を果たしていました。肩甲骨が上半身を支え、骨盤が下半身を支えていました。肩甲骨はまさに「第2の骨盤」といえます。

抱っこや授乳での腕や肩の偏った使い方や悪い姿勢は、身体のゆがみにつながりバランスが崩れ、さらにかたく緊張してしまう結果に。

骨盤は足を動かす　　肩甲骨は腕を動かす

肩甲骨を動かすだけで34の筋肉が目覚める

えっ？ほんとに？

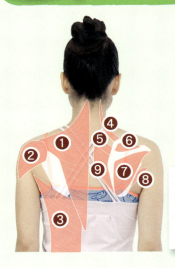

全身約400の筋肉のうち、肩甲骨には左右あわせて34もの筋肉がついています。肩を回すだけで、腕にも背中にもトータルに働きかけることができます。

これらの筋肉は、肩甲骨があらゆる方向に動くのをサポートしています。肩甲骨の筋肉の緊張をほぐし、自由に動かすことができれば、呼吸が深くなり、姿勢がよくなり、バストアップにもつながります。

肩甲骨周りの主な筋肉
❶僧帽筋(そうぼうきん)　❷三角筋(さんかくきん)　❸広背筋(こうはいきん)
❹肩甲挙筋(けんこうきょきん)　❺小菱形筋(しょうりょうけいきん)　❻棘上筋(きょくじょうきん)
❼棘下筋(きょくかきん)　❽大円筋(だいえんきん)　❾大菱形筋(だいりょうけいきん)

肩甲骨に付着する34の筋肉を動かすだけでOK！

おむつ替えや授乳による猫背に注意！！

①肩が前に入り、肩甲骨が左右に離れる
②背中がまるくなる
③骨盤が後ろに傾くので姿勢が悪くなる
この悪循環に入ってしまう。

肩コリや背中のコリを解消するには？
肩甲骨周りの筋肉を動かすポーズを取り入れて、強化することで改善できる。

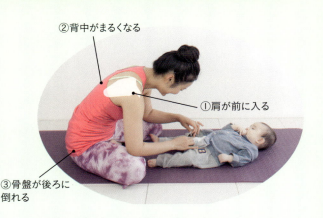

②背中がまるくなる
①肩が前に入る
③骨盤が後ろに倒れる

まずは知っておこう!

肩甲骨の動かし方の基本

正しく動かすだけですぐに変化があらわれます! 動かし方のコツをご紹介

背中の後ろで寄せる	肩をおろす	背中を広げる	手を上げる
肩甲骨の動き: **中央に寄る**	肩甲骨の動き: **下へおりる**	肩甲骨の動き: **左右に広がる**	肩甲骨の動き: **斜め上にスライド**

今すぐ「肩コリ」解消! 「鎖骨から」を意識すればどんどんほぐれる!

腕を動かす時は肩の関節ではなく鎖骨を意識すると代謝アップに!

肩関節から動かす	鎖骨を意識して動かす

 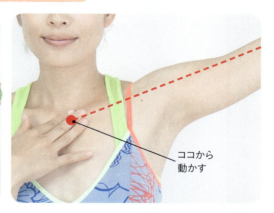

ココから動かす

　肩に手をそえ、腕のつけ根から腕を上げてみましょう。次に鎖骨に手をそえ腕を上げてみると、実は鎖骨も腕と連動しているのがわかります。
　腕を動かす時は、肩のつけ根ではなく、**鎖骨から動かすことを意識!**
その方が肩甲骨と一緒に背中全体を大きく動かせます。
　肩甲骨がどう動いているのかに意識を向け、自由に羽ばたくように動かすと、背中周りの血流がよくなり、背中のコリや産後の肩コリ、授乳による猫背を改善できます。

縮んだ胸をやわらかく大きく開き
肩コリ首コリをゆるめる

肩甲骨ほぐし
鎖骨の中心から肘が遠くを通るように大きく回し、肩・胸周りのコリをほぐす。胸や背中がやわらかくなると呼吸も深くなる。

両手の指を肩にのせる / 吸う / 肘を前で合わせながら上へ / 吐く

1 前から後ろに肘を大きく回す
安楽座になって座り、両指を肩にのせて回す。吸いながら前で肘を合わせながら上へ持ち上げ、吐きながら肩甲骨を背中で寄せるように回す（15〜20呼吸）。
左右差がないか確認しながらゆっくり回しましょう。

2 手の指を組んで上に伸びをする
指を組み、てのひらを上にグーンと伸びをする。肩甲骨も一緒に引き上がるのを感じながら体側を気持ちよく伸ばす（3〜5呼吸）。

3 組んだ手を大きく回す
おへそは背中に引き寄せ、体側を伸ばしながら両手を回す。吸いながら後ろを通り、吐いて前を通る。反対回しも行う（5〜8呼吸ずつ）。

吸う / 吐く

腕を上げることで胸や背中をのばす / 3〜5呼吸 / 吸う / 吐く / ここでキープ / 足のつけ根は重くするように意識

4 手をおろしてリラックス
中央に戻ったら両手をおろす。肩がやわらかく温まった感覚や、余韻を味わいましょう。

肩と背中が伸びてスッキリ
ねじりで左右差を調整

猫のねじりと伸びのポーズ

左右差を感じながらポーズをとりましょう。背骨のゆがみを調整。肩コリや腕のだるさも解消。つらい方はより深く呼吸しましょう。

1 四つばいから腕と肩をつける

四つばいになり、左手を右手の下から通し、左肩と側頭部を床につける。

2 ねじりながら胸と肩を開く

右手を仙骨におき、右肩を後ろに引く。胸と肩をしっかり開き、深い呼吸をする。てのひらから伝わる温かさ、体側や左肩の伸びも感じながら呼吸（左右各5〜8呼吸）。

3 両手を前に歩かせ上体を伸ばす

四つばいに戻り、吐きながら両手を前に歩かせる。おへそは背中に引き寄せ、お尻と胸で引き合うようにストレッチ。猫が伸びをしているイメージで呼吸（5〜8呼吸）。

4 子どものポーズでリラックス

お尻を引いてかかとにおろし、リラックスしましょう。

NG
- お尻を引きすぎ
- 背中が反りすぎ
- あごを突き出している

肩甲骨 SET-1 ひきしめる
肘の開閉で肩や鎖骨周りを動かしやせスイッチをオンに

英雄のポーズ1

肘は肩より上で、肩より後ろに引くのがポイント。疲れやすい背中や腰を強くし、背すじが伸び姿勢もよくなる。前後に開いた足で力強く立つ。

DVD収録

1 右足を大きく1歩後ろに引く

足を腰幅に開き立つ。右足を後ろに大きく1歩引き、つま先を斜め前に向ける。

- 骨盤はしっかり正面に向ける
- 足の長さと同じくらい開く

NG
- 骨盤が斜めになっている
- 後ろ足が外に少し開きすぎ

2 左ひざを曲げ両手を上げる（英雄のポーズ）

左ひざを曲げ、両足でマットを引き裂くように強く踏みしめ呼吸する（5〜8呼吸）。余裕があれば吸いながら両手を上げる。タックイン（P.23参照）の姿勢を意識する。

NG
- 腰が反っている
- 骨盤が斜め
- ひざが内側に入っている

- 両脚均等に体重をかけ、後ろ足のそけい部を伸ばす
- 吸う / 吐く
- 肩はリラックス
- ここでキープ
- 内側に入ってくるので正面に向ける
- 5〜8呼吸
- 前後踏みしめる
- かかとはひざの下

3 息を吸いながら肘を90度に曲げて引く

てのひらを外へ向けながら、肘を曲げて肩より後ろに肘を引く。

- てのひら外向き
- 吸う
- 肘を引く
- 肘は肩より上

NG
- 腰が反っている
- 骨盤が斜めになっている
- ひざが内側に入っている

③肩甲骨編 SET-1 肩甲骨を全方向に動かす

- 手の甲を合わせる
- 吸う
- 吐く
- 肘は肩より上

くり返す

4 息を吐きながら胸の前で肘を寄せる

手首をねじりながら小指が顔の方にくるように手の甲と手の甲を合わせる。呼吸に合わせ、吸って胸を開き肘を引く、吐いて胸の前で合わせるをくり返す（5〜8呼吸）。

吐く

5〜8呼吸

5 足を入れ替えて反対側も行う

足を軸にしてくるりと向きをかえ、反対側も行う。

くるっと反対を向く

反対側も同様に

6 足を揃えて立ちリラックス

最後は息を吐きながら後ろ足を前足に揃えて立ち余韻を味わう。

深呼吸

背中のコリやモリっとした猫背も スッキリ！ 肩甲骨の動きを味わう

肩甲骨 SET-2 ゆるめる

肩甲骨を左右に動かすポーズ

肩甲骨が左右に動いていることを意識しながら背中と胸をゆるめる。抱っこや授乳で縮まりがちな胸、肩、首をゆるめてリラックス。血流もアップ。

DVD収録

1 手の指を組み上に伸びる

安楽座で座り、骨盤を立てて背すじをまっすぐに伸ばす。両手を胸の前で組み、吸いながら上へグーンと伸びる。吐きながら、腕を脱力しておろす（5〜8呼吸）。

吸う　5〜8呼吸

2 背中をまるめ肩甲骨を引き離す

両手を胸の前で組み、肩の高さまで上げる。吐きながら前に伸ばし、おへそを覗き込む。手と背中で互いに引っ張り合う。
吸いながらゆるめ、吐きながら背中をまるくする姿勢を呼吸に合わせてくり返す（5〜8呼吸）。

吸う

胸にボールを抱えるように背中をまるめ、肩甲骨を左右に離すようなイメージ

吐く　軽くあごを引く

5〜8呼吸

くり返す

3 胸を開き前屈する

手を背中の後ろで組み肩甲骨を寄せ、胸を開く。吐きながら前屈する（5〜8呼吸）。最後は吸いながら起き上がり手をほどく。足を前後に組み替えてもう一度行う。

吸う
足のつけ根を重くして安定させる
胸をやわらかく開く
吐く
ここでキープ
5〜8呼吸
肩甲骨を寄せる
吸う　吐く

縮んだ脇腹を伸ばして調整 くびれを目覚めさせる

③肩甲骨編 SET-2 肩甲骨を寄せ胸を開く

ハトのポーズ

バッグをいつも同じ肩にかけるとゆがみの原因に。
体側の伸びの左右差を調整しリンパの流れを改善。顔色も明るくなる。

DVD収録

1 斜めに座り、右ひざを後ろに引いて足の甲を持つ

斜め座りになる。左足のすねがマットの端と平行になるように座り、右ひざを斜め後ろに引き、右手で右足の甲を持つ。

- ひざをしっかり後ろに引くと持ちやすくなる
- マットの端とすねが平行になるように足をおく
- 平行

2 左手を頭に 肘を引いて胸を開く

上体を起こし、左手を後頭部にそえて、肘と胸を開く。

- 胸を気持ちよく開く
- 足のつけ根が伸びる
- 伸びる
- 吸う / 吐く

反対側も同様に

！ここでキープ

余裕があれば、つま先を肘にかけ、左手を天井に伸ばす。つらければ、②に戻る（5〜8呼吸）。

 吸う
 吐く
 5〜8呼吸

チャレンジポーズ
手を組む

手を頭の後ろで組み、肘はしっかり後ろに引く。肩甲骨を寄せ、胸を大きく開く。

- 胸を開くことで気持ちも明るくなる
- 目線は肘先を見る
- 吸う / 吐く

3 安楽座に戻りリラックスする

足をほどき安楽座に戻り余韻を味わう。

腕立ての姿勢で、眠った背中と二の腕をスッキリひきしめる

肩甲骨 SET-2 ひきしめる

板とコブラのポーズ

手首が痛い場合は肘をついて行う。二の腕がプルプルしたら刺激が伝わっているということ。さらにコブラのポーズでバストアップ。

DVD収録

1 腕立ての姿勢になる（板のポーズ）
四つばいから両足を後ろに伸ばし、腕立ての姿勢になる。つらい人はひざをつく。

- お尻を引き上げる
- かかとを押し出す
- 手はパー
- 頭からかかとまで1本の軸を通す
- つらければひざをついてもOK
- おへそはしっかり引き上げておく

2 肘とわきを閉めて胸をゆっくりおろす
肘とわきをしっかり閉め、息を吐きながら胸を床にゆっくり近づける。床すれすれでキープ（2〜3呼吸）。

- ここでキープ
- 2〜3呼吸
- かかとを押し出す
- お腹が落ちないように背中はまっすぐに保つ
- 吸う／吐く

3 胸をおろし足の甲をつける
ゆっくりとお腹を床におろし、足の甲をつき一息吐いてリラックス。

- 吐く
- 肩の下にてのひらをつき、わきを閉めておく

4 胸を引き上げ（コブラのポーズ）

息を吸いながら、手の力を使わずに胸を引き上げる。わきを閉め、肘と肩は後ろに引く（3～5呼吸）。吐きながら胸をおろす。

足は腰幅。足の甲で床を押し続ける

！ここでキープ

3～5呼吸

頭を遠くへ

吸う　吐く

引き上げる

腕の力ではなく胸と背中で上体を起こす

NG
あごを上げすぎ 首を曲げすぎ
手の力で上体を起こそうとしない

③肩甲骨編　SET-2　肩甲骨を寄せ胸を開く

5 手で床を押して板のポーズに戻る

足指を立て息を吸いながら手で床を押し、腕立てに戻る。①～⑤を3～5セットくり返す。

吐く

吸う　吐く

くり返す

3～5セット

6 子どものポーズでリラックス

最後は四つばいになり、お尻を引いてひざを曲げ、子どものポーズで呼吸を整える。

深呼吸

肩甲骨の可動域を最大まで高め
肩甲骨を正しい位置に戻す

SET-3 ゆるめる / 肩甲骨

胸を伸ばす腕まわし

体側や腕、わきを壁につけ、壁から離れないように注意する。
よく伸びるポイントを探しながら腕を回そう。

DVD収録

1 左側を壁につけ手を伸ばす
左手を上げて、吐きながらてのひら、わき、体側を壁にピッタリつける。

2 呼吸と共に胸、肩のばし手を後ろにずらしていく
吸いながらてのひら1枚分後ろにずらす。
吐きながらわきを壁に近づけ、呼吸をしながらキープ（2〜3呼吸）。
次の吸う息で、てのひら1枚分後ろにずらすをくり返す。

右胸が壁の方を向いてくるので右手で壁を押して支える

3 真後ろまでくり返し、手を落とす
真後ろまできたら最後は手を脱力し、すとんと足の横までおろす。

真後ろまできたらストンと落とす

4 両肩を回し変化を確認
伸ばした方の肩が回しやすくなっているか確認

肩を回してみて左肩が軽くなったことを確認。反対側も行う。

反対側も同様に

肩甲骨 SET-3 ととのえる

壁を支えにして、二の腕、わき、背中のつまりをとり柔軟性アップ

半分の犬のポーズ

下向きの犬のポーズを壁を使って練習する。両手を上げた時に肩まで一緒に上がらないように注意し、肩甲骨はお尻の方に引き下げるように意識する。

DVD収録

③肩甲骨編 SET-3 肩甲骨を下げて肩を自由に

1 壁に手をそえて後ろに歩く

少し壁から離れて立ち、両手を壁につく。手の幅は肩幅より少し広めにし（狭いと肩がつまる）あごは引く。吐きながら、わきを壁に近づけ、腕からわきを伸ばし、息を吸いながらゆるめる（3〜5回）。

吸う　吐く　3〜5回

肩甲骨を下に引くように意識しながらわきを伸ばす。

首と肩は楽にしておく

ここでキープ

2 お尻を引いて後ろに下がる

足のつけ根を引きながら少しずつ歩いて後ろに下がってキープ（5呼吸）。

吸う　吐く

わきを床に近づける

ここでキープ

5呼吸

手とお尻で引き合う

ややひざを曲げて足のつけ根を後ろに引き、お尻をプリッと出すようにすると背すじがしっかり伸びる。余裕があればお尻を軽く左右に揺らしてみましょう。

3 ゆっくりと壁に歩いて戻る

吸いながら、歩いて壁の方に戻る。

吸う

①〜③を3〜5セット

NG

胸と腰が反りすぎ肩が上がってつまる

ゆるめる / ととのえる / ひきしめる

疲労回復、肩コリの改善 腕、肩、お腹、背中をひきしめる

肩甲骨 SET-3 ひきしめる

下向きの犬のポーズ

肩や背中をほぐし、上体を支える腹筋を強化。上体の重みを腕だけで支えず、足にもかける。上体の伸びを感じながら全身を鍛えよう。

DVD収録

1 四つばいからお尻をおろす

四つばいになり、足の指を立てる。お尻をかかとの上にのせ、両手はなるべく遠くに伸ばす。

てのひらを開く

足指を立てる

2 お尻を天井へ上げ足踏みする

手で床を押しお尻を持ち上げる。背中をまっすぐにし、足のつけ根を後ろに引く。足踏みをしながら、交互にアキレス腱を伸ばす。

足は腰幅に広げる

手は肩幅に広げる

てのひらを開いて両手でしっかり床を押す

NG
- 腰が反る
- 肩が上がってつまる
- 頭上げすぎ
- 胸が反りすぎ

3 下向きの犬のポーズ

手でしっかり床を押し、背中の伸びを感じる（5呼吸）。目線は足の間へ、首はリラックス。

足のつけ根を後ろに引く

！ここでキープ

5呼吸

おへそは常に背中に引き寄せる

かかとを床に近づけていく、完全につかなくてもよい

吸う　吐く

背中がまるくなったり、腕がつらい時…
手に荷重がかかりすぎているので、ひざを軽くゆるめて足のつけ根を後ろに引く。

ひざを軽く曲げると背すじが伸びる

くり返す

4 お尻をおろし板のポーズ

吐きながら体重を腕の方に移動させ、お尻をおろして腕立ての姿勢でキープ。

お尻を落としすぎない

かかとをグンと押して、脚をしっかり伸ばす

手は肩の真下の位置に

吸う　吐く

5 お尻を引き上げ下向きの犬のポーズへ

息を吸いながら足のつけ根を後ろに引いて、お尻を引き上げる。下向きの犬のポーズへ戻り③〜⑤をくり返す。

6 子どものポーズでリラックス

子どものポーズで呼吸を整える。

深呼吸

- Column -

子どもを笑顔にするには、まずはママが笑顔になること

ママが笑顔になると、子どもも笑顔になります

　子どもが最高の笑顔をしてくれるのは、やっぱりママの笑顔を見た時！　子どもを喜ばせるために何かをしてあげても、こちらの期待通りに喜んでくれるわけではありません。それよりも、ママがのびのびとした気持ちで笑顔でいると、ママのポジティブなエネルギーが伝わり、自然とベビーも笑顔になります。

まずは自分を癒そう

　子育てをしていると、ママはつい自分を後回しにしてしまいがち。
　世界で一番大切な「私」のためにできること……セルフケアや、自分の時間を持つ、たとえば散歩をしたりカフェでゆっくり過ごすなど、自分で自分を癒す時間を生活に取り入れていきましょう。

自分がやって楽しいこと、好きなことをしよう

　「○○しなければならない」、「○○すべき」と難しく考えすぎず、やっていて楽しいことに目を向けましょう。「いいママでいたい」「いい子育てをしたい」とがんばりすぎず、肩の力を抜いた、自分らしい子育てスタイルを見つけてくださいね。

ママにはママにしかできないことがある、と知る

　ベビーをママが抱きしめてあげない限り、ずっと泣き続けることってありませんか？
　毎日ベビーと向き合うのは、根気がいります。子育ては戸惑いも多く、どうして私ばかり、こんなにつらい目をしなければいけないの？　と自分だけが多くの負担を強いられているように感じることがあるかもしれません。「ママにしかできないこと」と「他の人に代わりをしてもらえること」を切り分けてみましょう。他の人でもできることは、手伝ってもらってみてください。心に余裕ができれば、「どうして、私だけ？」から「これはママの私にしかできない役目だわ、まかせて！」とポジティブに転換することができますよ。

ママ友を見つけよう

　友達といろいろ話したり、ただ話を聞いてもらったりするだけでも、ストレス発散になります。
　いろいろな月齢の子たちと触れ合うことで、「いつになったら楽になるの？」と終わりがなく感じた悩みも、「子どもの成長と共に解決していくんだな」という気づきのきっかけになります。
　他のママと自分を比べたり気にしすぎに注意。

　自分が笑顔になれる子育てってどんなのかな？　と一度思い描いてみてくださいね。焦らず、急がず、ゆったりとマイペースでいきましょう。

Part.6
産後の悩み別ヨガ

ゆがみにくく、ゆるみにくい身体づくりに。
産後のいろいろな悩みを改善し、全身を調整します。

骨盤のゆがみをセルフ調整1

骨盤8の字まわし

忙しい育児でぐったり。骨盤をほぐすと自律神経も一緒に刺激され、リラックスできる。骨盤のゆがみを調整しながら代謝アップも。

- ●骨盤ゆがみ解消
- ●骨盤底筋・尿もれ
- ●お腹やせ・下腹ひっこめ

1 8の字を横に書く

あお向けになり、両ひざを胸に引き寄せる。ひざで8の字を横に書くように回す。

2 手をおろして回す

手は斜め下におろしてひざをゆっくりコントロールしながら回すとお腹に効く。慣れてきたらだんだん大きく回し、反対回しも行う。

おへそを床に引き寄せるのを意識する

反対側も同様に

左右5〜10回ずつを目安に

床にしがみつかない

3 8の字を縦に書く

ひざを手で支え8の字を縦に書くように回す。余裕があれば手を床におく。反対回しも行う。

おへそを床に引き寄せ腹筋を使うことを意識する

反対側も同様に

左右5〜10回ずつを目安に

4 リラックスして余韻を味わう

最後はあお向けでリラックスして余韻を味わう。

骨盤のゆがみをセルフ調整2
骨盤の左右差調整

うつぶせでお腹や胸が痛いときは無理をせず避ける。左右差をチェックしながら、左右同じように動かすことでゆがみ調整になる。

- 骨盤ゆがみ解消
- 心を落ち着けリラックス
- 腰痛予防

1 うつぶせになりお尻を左右に揺らす

うつぶせになり、肘を曲げて、手の甲におでこを休ませる。骨盤を床の上で転がすようにし、お尻をコロンコロンと左右に揺らす。

30回を目安に
慣れてきたら少しずつ大きく揺らす

2 つま先を左右に揺らす

ひざを曲げて、左右にゆらゆらとつま先を揺らす。慣れてきたら少しずつ大きく揺らす。

30回を目安に

3 かかとでお尻をキックする

かかとでお尻をポンポンとキックする。左右どちらかつきにくい方がないかチェック。

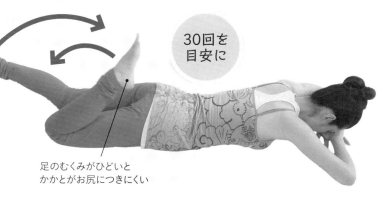

30回を目安に
足のむくみがひどいとかかとがお尻につきにくい

4 リラックス

うつぶせで余韻を味わいながらリラックス。

骨盤のつまりをとりしなやかに
骨盤ゆるまわし

骨盤を揺り動かすイメージで　腹筋を意識して左右均等に、骨盤で円を描くように回そう。

- 冷え解消
- リンパ血流アップ
- 活力アップ

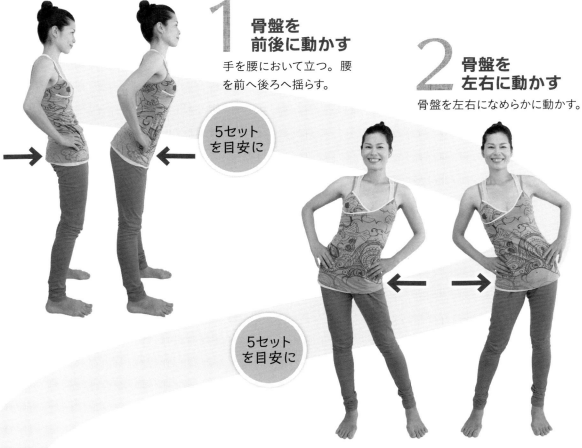

1 骨盤を前後に動かす
手を腰において立つ。腰を前へ後ろへ揺らす。

5セットを目安に

2 骨盤を左右に動かす
骨盤を左右になめらかに動かす。

5セットを目安に

3 骨盤で円を描くように回す
なめらかに回す。おへそは背中へ引き寄せておく。前⇒右（左）⇒後⇒左（右）と回す。

10回回し

反対も同様に

肩・首・背中のコリをスッキリ

ワシの手のポーズ

産後に起こる腱鞘炎は、抱っこによる筋肉の疲労が原因。腕をしっかり伸ばすと肩コリや腱鞘炎予防になる。

- ●代謝アップ
- ●肩ゆがみ解消
- ●腱鞘炎予防

1 手をクロスし重ねる

安楽座で座り左手が上になるように手を深くクロス。両肘を曲げて手をからませてのひらを合わせる。一度すべての息を吐きだす。

肩甲骨を左右に開く

肘を肩よりも高い位置でキープする

2 肩甲骨と背中をさらに開く

吸いながら肘を持ち上げる。吐きながら、おへそを背中に引き寄せ、背中をまるめて肘をお腹の方へ近づける。肩甲骨と背中をさらに開くイメージでくり返す（5〜10回）。

吸う

肩甲骨を左右に開く

吐く

くりかえす

手と足を入れ替え各5〜10回

3 腕の内側をストレッチする

手の指を自分の方に向けて腕の内側をストレッチ（3〜5呼吸）。余裕があれば少しずつ遠くに手をつくとさらに伸びる（3〜5呼吸）。

産後の悩み別ヨガ **Part.6**

肩コリをほぐし姿勢を改善
肩甲骨全方向ほぐし

姿勢の悪さやストレスにより引き起こされる肩コリ。放っておくと頭への血行まで悪くなり頭痛や眼精疲労の原因にも。

- 代謝アップ
- 肩コリ解消
- 二の腕ひきしめ

1 椅子に座り両手を真上に伸ばす

椅子に背筋を伸ばして座る。両手を真上に伸ばし、腕をからませてのひらを合わせる。肩はおろしておく。一度すべての息を吐きだし、おへそを背中に引き寄せる。反り腰にならないように注意。

吐く

2 ゆっくりと後ろに倒す

息を吸いながら真上に伸び、ゆっくりと後ろに倒す。椅子の背もたれに上体をあずけて気持ちよく伸びる。息を吐いて戻る。

吸う
吐く

肩がつまりすぎないようリラックス

手を入れ替えて各3回ずつ

3 肘で円を描くように後ろ回し

肘を肩と同じ高さ、肩の真横まで上げる。肘の角度90度を保ち、真横の位置からくるくる肘で円を描くように後ろ回し。

4 てのひらを横へ広げ肘で円を描く

てのひらを外に向けながら横へ広げる。てのひらで空気を押すようなイメージ。肘が肩より下がらないように注意しながら、後ろに引いて肘で円を描くように回す。

5 手の力を抜きリラックス

最後はだらんと手の力を抜き、肩もリラックス。余韻を味わう。

胸の反りすぎ、腰の反りすぎに注意

おへそは背中に引き寄せておく

胸や体側を伸ばす
片ひざを曲げた体側伸ばし

凝り固まった背中やもも裏をしっかりほぐす。ねじりで脇腹が伸びてくびれメイクに。

- ●背中のゆがみ調整
- ●セルライト解消
- ●内臓・脂肪スッキリ

1 右足を外に伸ばし 左ひざは曲げて座る

安楽座から右足を外に伸ばし、左ひざは曲げて座る。骨盤が後ろに倒れないように、坐骨に体重をかけ骨盤はしっかり立てておく。

2 土踏まずを持ち 左手は天井へ上げる

土踏まずを逆手で持つ。届かない場合は、すねに手をそえる。右つま先をたてて、左手を天井に上げて体側を十分に伸ばす。左の足のつけ根は、重くするように意識して床につけておく。

ここでキープ

肩が前に倒れてこないように注意する

3 手が遠くに 伸びるように倒す

吐いてさらに手が遠くに伸びるように倒す。土踏まずを右手で引き寄せ、左手をさらに遠くに伸ばす。

3〜5呼吸

反対側も同様に

吸う / 吐く

胸と肩を気持ちよく開きながら呼吸

3〜5呼吸

4 呼吸しながら 身体をねじる

息を吸いながら上体を起こし、右手を左ひざにのせる。左手の甲を背中の後ろから回して、右の腰に巻きつけるか、右足のつけ根に指をひっかける。吸って背筋を伸ばし、吐きながらねじるをくり返す。①に戻り反対側も同様に。

首コリ・眼精疲労・不眠に
うさぎのポーズ

頭頂の百会をほぐすことでかたくなった頭皮、首肩をほぐし血流アップ。産後の抜け毛にも。子どもが近くにいる場合は首をねじって痛めないよう注意。

- ●首・肩コリ解消
- ●頭痛予防
- ●顔のリフトアップ

1 お尻を回し百会を刺激

四つばいになり、頭頂にある百会を手の間につける。お尻で円を描くように回し、百会をマッサージする。反対回しも行う。

10回回し目安／目線はひざの間へ／百会

2 百会をつけてキープ

お尻をかかとにおろし、手をかかとにそえる。お尻をゆっくり上げて、頭頂部（百会）を床につける。首を痛めないように無理せずゆっくりと行う。

持ち上げる／ここでキープ／3〜5呼吸／肩リラックス

チャレンジポーズ 背中の後ろで手を組み前に倒す

背中の後ろで手を組み、組んだ手を天井の方へ伸ばす／倒す／首をしっかり立て百会を刺激する。／3〜5呼吸

NG／おでこがついている

3 お尻をおろしリラックス

お尻をゆっくりおろし子どものポーズで休む。腕を組んでその上におでこをのせて休ませる。

首や肩をゆるめ胸を開く
魚のポーズ

ストレートネックや首にトラブルのある人は注意。つらい場合は避ける。子どもが近くにいる場合は首をねじって痛めないよう注意。

- 活力アップ
- 頭痛予防
- 呼吸が楽になる

1 あお向けになりてのひらをお尻の下に

あお向けになる。片方ずつお尻を持ち上げ、てのひらをお尻の下に入れる。

わきはしめておく

2 頭頂を床につく

一度、すべての息を吐ききる。吸いながら、肘で床を押して肩甲骨を寄せ、頭を少し浮かせ頭頂（百会）を床につける。

吸う

肘で床を押して胸を持ち上げる

3 胸を持ち上げ開く

肘でさらに床を押して胸を持ち上げる。深い呼吸をしながら胸が開くのを味わう（3〜5呼吸）。

3〜5呼吸

ここでキープ

胸を開く

深呼吸

4 頭をゆっくり戻す

ポーズから出る時は、肘で床を押して上体をしっかり支えてから、頭をゆっくり元に戻す。あお向けで余韻を味わいながらリラックス。（余裕があれば、もう1セット行う）

深呼吸

腰痛をやわらげる
赤ちゃんのポーズ

姿勢の悪さ、腰周りの筋肉のコリなど、子育ての無理な姿勢で産後緊張しがちな腰を日頃からほぐすことで腰痛予防に。

- 腰痛予防
- 反り腰調整
- お尻のコリほぐし

1 あお向けになりひざを胸に引き寄せる

あお向けになり両ひざを引き寄せ、それぞれのひざに手をそえる。吐きながら右ひざを胸に引き寄せる。吸ってゆるめ、吐いて左のひざを引き寄せ、交互にくり返す。

吐く　5〜10回

2 両ひざをゆっくりと両手で抱える

吐きながら背中をまるくし、さらにひざを胸に引き寄せたままおへそは背中に引き寄せながら、呼吸をする。

余裕があれば、おでことひざを近づけてさらに寄せる

吸う　吐く　3〜5呼吸

腰に呼吸を送り込む

3 足の裏を床におろしリラックス

足の裏を床におろし、腰に呼吸を送り込むようにしてリラックス。

針通しのポーズ

1 右足首を左のひざにのせる

両ひざを立て、右足首を左のひざにのせ、右ひざは外に開く。右手を足の間から通し、両手で左もも裏をかかえる。ひざを持つとさらにお尻全体の伸びが深まる。

2 ひざをさらに引き寄せる

吐きながら胸の方にさらにひざを引き寄せる。

吸う　吐く

反対側も同様に

ここでキープ

お尻の筋肉を伸ばす

お腹周りをスッキリさせる
ひざ倒し

体側をねじりゆったり呼吸すると内臓マッサージになり、内臓脂肪の解消に。

- 背中のコリ解消
- 腰痛予防
- ウエストひきしめ

1 あお向けになりひざを90度曲げる

あお向けになり両ひざを立てる。足を持ち上げ、ひざを90度に曲げる。そのまま左側に倒す。

左に倒す

吐く

吸う　吐く

ここでキープ

2 重力に身をまかせる

目線は右側へ。右手は斜め下に。左手は右のひざの上にそえて重力に身をまかせる（5～10呼吸）。

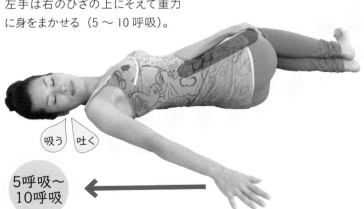

吸う　吐く

5呼吸～10呼吸

てのひらを下にして斜め上にのばし、肩周りや体側もさらに伸ばす。

反対側も同様に

3 ゆがみを調整する

足を反対側に倒す。左右差があれば、もう一度好きな方に倒し、ゆがみを調整する。

産後の過ごし方スケジュール

	産後1ヶ月	産後2〜3ヵ月
身体の変化	・疲労から乳腺炎になりやすい状態。妊娠により大きくなった子宮は少しずつ戻りはじめ、1ヶ月から1ヶ月半ほどで元に戻る。 ・悪露は徐々に減り、1ヶ月後にはほとんどなくなり、会陰の痛みや腫れも落ち着く。 ・骨盤がゆるんでいる状態。 ・出産によりゆるんだお腹周りの筋肉や骨盤も徐々に元に戻ろうと変化していく。 ・産後の体の回復や育児での睡眠不足などで疲れやすい。この時期に無理をすると体の回復が遅れ、腰痛などに悩まされることもあるので注意。 ・寝不足、頭痛、腰痛、肩コリ、痔、傷口の痛み、おっぱいの痛み、お腹のたるみ、悪露が見られる、腰や関節のグラグラする感じ、尿漏れ。	・乳腺炎や乳頭のトラブルが起きやすい時期。 ・産後6〜8週間で子宮は元の大きさに戻り、悪露もなくなる。 ・体力はたいぶ回復してくるので、スタイルアップを目指すママは運動を取り入れていこう。 ・母乳は出やすくなってくるが、数時間あきの授乳やおむつ替えで睡眠不足、肩コリや腰痛などでやすい時期。 ・育児は前傾姿勢が多く、慢性的な肩コリや、背中の痛みが続く。 ・頭痛、肩コリ、腰痛、恥骨痛、抜け毛が目立つ、お腹のたるみ、関節のぐらつき
心の変化	ホルモンのバランスの変化や、慣れないベビーのお世話で不調があらわれることもある。ベビーが生まれてうれしい反面、初めての経験に精神的にも不安定になりやすい。涙もろくなったり、些細なことでイライラしたりするが、一過性のことが多い。(マタニティーブルーズ) 自分のペースで生活できないことや、夫の行動にイライラすることも。	産後のホルモンの変化で不安定になりやすい。 ベビーに反応がでてきて接するのが楽しい反面、今までとは違う生活リズムで疲れもたまり、一人で抱えてしまうことも。イライラする自分を責めたりする場合は、無理をしすぎず、パートナーや周りの人にサポートをしてもらおう。
過ごし方のアドバイス	**まずはゆっくり休むこと!** ・産後3週間はお布団を敷いたままにし、ベビーの生活リズムに合わせて睡眠をとり、できるだけ横になって。ベビーに合わせて、一緒に寝たり起きたりし、体を休めましょう。ママの体はゆっくり回復していくので、焦らずゆったり過ごしましょう。 ・授乳の時には足台を使用して、背骨の反りや腹部への圧力を予防しましょう。クッションを使用して授乳姿勢を楽にしましょう。 ・お腹周りをガードルなどで強くしめつけるのは避けましょう。 ・目を休めましょう。スマホなどで目を使いすぎると交感神経が緊張してイライラしたり、頭痛などの原因に。 ・ベビーのお世話に専念し、家事は無理をせず、パートナーや周りの人に遠慮せずお手伝いを頼みましょう。公共の家事代行サービスなどもあり。 ・ベビーと24時間べったりで幸せな反面、息抜きが必要と感じることも。パートナーに協力してもらったりして一人の時間を持つことも大切。	・体に無理のない家事からはじめ、少しずつ元の生活に戻していきましょう。徐々に外に出る範囲も広げ、過ごしやすい時間帯にお散歩に出かけましょう。 ・1ヶ月検診が終わって入浴の許可がでたらゆっくりお風呂に入って疲れをとりましょう。乳腺炎や肩コリを予防するためにもしっかり湯船につかることが必要です。 ・一番疲れが出て、心も体もボロボロになりやすい時期。ゆったりした服装で過ごし、眠れる時間には横になって休みましょう。自分の時間をとり、ゆっくりお茶を飲む、アロマを楽しむなどリフレッシュしましょう。 ・ベビーのためと我慢や無理をせず、周りにサポートを求めましょう。お手伝いしてくれる方に感謝してお願いできることはお願いしましょう。 ・整体やマッサージにいったりパートナーにほぐしてもらうのもおすすめ。 ・昼夜逆転が改善され、日中起きていることが多くなるベビー。たくさん話しかけてあげたり、ベビーがおしゃべりをしてくれたら声を真似てお返事してあげましょう。歌を歌いながらベビーマッサージで遊んであげましょう。
おすすめの運動	**産褥体操** ・出産後もすぐにお腹はへこみません。腹筋や骨盤底筋がゆるんでいるので腹式呼吸や、骨盤底筋をひきしめるエクササイズをはじめていきましょう。出産時に伸びた骨盤底筋を元に戻し、将来の尿もれ・子宮脱を防ぐ。 ・授乳などで凝りやすい肩や首をほぐすことは、母乳の出をよくすることにも役立つ。 ・蒸しタオルで目を温め、横になって軽いリラックスのポーズなど、できる動きをはじめてみましょう ・足のむくみには、足指回しや足の曲げ伸ばしがおすすめ。	**腹式呼吸・骨盤底筋エクササイズ・ヨガ** ・肩、首をほぐすポーズで肩コリを緩和しましょう。授乳や抱っこで胸が縮みがちなので胸を開くポーズもおすすめ。 ・骨盤の位置を正しく戻し、ひきしめていくためのヨガや正しい姿勢を保つエクササイズなどがおすすめです。 ・ベビーと一緒にお散歩をしてリフレッシュもいいでしょう。 ・無理な腹筋運動は避け、お腹を背中に引き寄せるように意識しましょう。

	産後4〜7ヶ月	産後8〜11ヶ月	産後1年〜1年半
身体の変化	・6ヶ月〜1年で生理が再開（早い人は2ヶ月で戻ることも）。 ・離乳食がはじまるとおっぱいトラブルが起こるママもいる。 ・ゆるんでいた骨盤の靭帯は3〜6ヶ月程で元の状態に戻ってくる。 ・生活リズムが整い、少しずつベビーとの生活も楽しめるようになってくる。 ・首がすわると、おんぶができる。ママへの腰の負担を少なくしてくれるおんぶを取り入れるのもよい。 ・頭痛、肩コリ、関節のぐらつき。	・肩コリや腰痛に悩むママが多い。 ・1年以上生理が戻ってこない場合は産婦人科に相談しよう。 ・頭痛、肩コリ、腰痛、関節のぐらつき。	・体はほぼ妊娠前の状態に戻る。 ・腹直筋離開のチェックをして、離開が気になる方は運動を続けよう。 ・断乳をするママも多い（仕事復帰などで）。
心の変化	ベビーの成長やお世話も楽しいと感じられてくる時期。ベビーとの生活にも慣れはじめ、楽しめるようになってくる反面、社会から取り残されるような孤独感や疎外感を感じ、気分が落ち込んできてなかなか回復しない時も。	生活のリズムができて自分にも余裕ができてくる反面、これまで無理をしすぎた疲れがでる時期。 周りのママと自分、我が子とよその子などを比較しても不安になるかも。	ホルモンバランスも安定してくる。なかなか育児が自分の思い通りにいかないことが多い。期待通りの協力がパートナーから得られないなど、悩みや心配があれば対話を。 徐々にお友達とかかわれるようになってうれしい時期。少しずつ自分の時間ができてうれしい。
過ごし方のアドバイス	・ベビーの成長がよく感じられる時期です。生活リズムがつくように気をつけてあげましょう。 ・授乳のリズムもでき、自分なりの生活ペースができてくる頃。ベビーも次々に成長の過程が進むので、楽しさを感じてくる人も増える。ベビーと一緒だからこそ楽しめる場にどんどん出かけていきましょう。一方で一人の時間を少しでも持ち、リフレッシュすることも大切。 ・産後はみんな不安やイライラを抱えるもの。育児に正解や完璧はないので、笑顔で過ごせるように、好きなことをしたり、ゆっくり過ごしましょう。地域のサークル活動などに参加してお友達を増やすのもいいでしょう。 ・子供の成長に個人差がでてくる時期なので、他の子と比べてつらいと感じることも。「比べない」「競わない」「ありのままを受け止める」という気持ちを大切にしましょう。	・ベビーの行動範囲が少しずつ増え、だんだんと目が離せなくなる時期。ベビーが自由に過ごせる空間づくりをし、危険な物がないか気をつけましょう。ハイハイができるようになると、早く立って歩いてと望んでしまいますが、まずはしっかりハイハイさせてあげましょう。 ・ベビーと一緒にいろいろなことを楽しみ、たくさん話しかけてあげましょう。人見知りや、後追いでなかなかホッと息をつく時間が持てずにいる時期かも。 ・一人の時間を取ったり、同じくらいのベビーを持つママと集える場に出かけて、おしゃべりするのもいいリフレッシュになる。 ・疲れや不調はそのままにせず、解消できるよう工夫しましょう。	・ベビーの意欲を大切にし、ゆっくりとかかわる時間を持つ時期です。 ・つたい歩き、よちよち歩きで目が離せず、離乳食もぐちゃぐちゃになりやすいです。ママのイライラは急上昇、でもベビーに悪気はありません。 ・注意しても同じことをくり返す。ガミガミしても、怒られた恐怖体験だけが残るので気長に見守りましょう。 ・自分の時間には好きなことをして過ごしましょう。ゆっくりお茶を飲む、アロマを楽しむ、音楽を聴くなど。 ・仕事に復帰する時期は、断乳や環境の変化により、ママもベビーも不安定になりやすい。お互いにしっかり触れ合い、かかわりましょう。ゆっくり深呼吸して、見守ることを大切に。
おすすめの運動	**腹式呼吸・骨盤底筋エクササイズ・ヨガ** 　産前にやっていた運動は少しずつ再開しましょう。妊娠前の体重は戻っても、体型は戻りにくいもの。成長していくベビーを抱っこするだけでも十分な運動に。抱っこの時には、反り腰にならないで正しい姿勢を保つよう意識。 　立位での姿勢（抱っこひも使用時など）では、正しい立ち姿勢を意識。 　副直筋チェック（P.50）で離開を確認しよう。	**腹式呼吸・骨盤底筋エクササイズ・ヨガ** 　ヨガやピラティス、バランスボール、エクササイズなど、体幹を鍛えるものがおすすめ。 　腰に違和感、痛みのある方は、無理をせず、腰をまるめるポーズでこわばった腰をゆるめましょう。	**腹式呼吸・骨盤底筋エクササイズ・ヨガ** 　まだまだこの時期も、身体をゆがませたままの姿勢にならないよう、ママも注意が必要。 　ママが楽しそうにヨガをしていると、ベビーも一緒に同じポーズをとってくれることも。一緒にヨガを楽しんで呼吸を合わせていけるといいですね。

悩み別おすすめポーズ一覧

分類	悩み\ポーズ	骨盤 ゆるめる 猫と牛のポーズ	骨盤 ととのえる 横たわった英雄のポーズ	骨盤 ひきしめる 三日月のポーズ	骨盤 ゆるめる クロスでひざたおしのポーズ	骨盤 ととのえる 牛面のポーズ	骨盤 ひきしめる 椅子のポーズ	骨盤 ゆるめる やさしい開脚前屈のポーズ	骨盤 ととのえる ハッピーベイビー	骨盤 ひきしめる 女神のポーズ	お腹 ゆるめる 橋のポーズ	お腹 ととのえる 船とテーブルのムドラー	お腹 ひきしめる 逆転のポーズ	お腹 ゆるめる 体側のムドラー	お腹 ととのえる 賢者のポーズ	お腹 ひきしめる 体側を伸ばす&ねじりのポーズ	お腹 ゆるめる 肘まわしコブラのポーズ	お腹 ととのえる 後ろに倒すだけ腹筋	お腹 ひきしめる 肘つき板プランク	肩甲骨 ゆるめる 肩甲骨ほぐし	肩甲骨 ととのえる 猫のねじりと伸びのポーズ	肩甲骨 ひきしめる 英雄のポーズ1	肩甲骨 ゆるめる 肩甲骨を左右に動かすポーズ	肩甲骨 ととのえる ハトのポーズ	肩甲骨 ひきしめる 板とコブラのポーズ	肩甲骨 ゆるめる 胸を伸ばす腕まわし	肩甲骨 ととのえる 半分の犬のポーズ	肩甲骨 ひきしめる 下を向いた犬のポーズ
骨盤	骨盤ゆがみ解消	●	●	●	●	●	●	●	●		●	●			●					●	●	●						
骨盤	骨盤ほぐす・動かす	●			●	●		●																				
骨盤	骨盤ひきしめ	●	●	●	●	●	●	●	●	●											●	●					●	●
骨盤	骨盤底筋強化・尿漏れ	●		●			●			●					●													
骨盤	股関節柔軟性アップ	●	●		●	●		●	●												●	●		●				
骨盤	ヒップアップ・小尻	●			●		●			●					●													
骨盤	お尻のコリ			●	●	●	●																	●			●	●
骨盤	そけい部ゆるめる	●	●	●				●	●		●	●								●								
肩・背中	背中のひきしめ										●	●		●		●				●	●	●		●		●	●	●
肩・背中	バストアップ			●								●										●		●	●			
肩・背中	肩ゆがみ・左右差解消				●	●								●		●				●	●	●	●	●		●		
肩・背中	背中のコリ・こわばり	●	●		●	●								●		●	●			●	●	●	●	●	●	●	●	●
肩・背中	二の腕ひきしめ																		●			●			●		●	●
お腹	お腹やせ・下腹ひっこめ	●				●				●		●	●		●		●	●	●									
お腹	くびれウエスト			●								●	●			●	●	●	●									
悩み別	足ひきしめ・強化						●			●												●						●
悩み別	足ゆがみ調整			●			●			●												●						
悩み別	内もも強化									●																		
悩み別	むくみ解消												●											●	●			●
悩み別	左右のバランスを整える			●		●								●		●						●		●				
悩み別	体幹力アップ	●					●			●		●			●				●		●				●		●	●
悩み別	便秘冷え		●	●																								
悩み別	集中力を高める											●	●						●			●			●			
悩み別	リフレッシュ・スッキリ	●		●	●		●				●									●						●		●
悩み別	活力アップ・元気に			●		●				●												●						●
悩み別	心を落ち着けリラックス	●	●					●	●						●			●										
悩み別	美肌 くすみ、目のくま、小顔								●						●	●												
悩み別	不眠・睡眠不足・身体のだるさ	●																										●
悩み別	腰痛予防	●					●	●			●		●		●			●				●			●			
悩み別	肩コリ・首コリ・眼精疲労	●				●								●		●				●	●	●	●	●	●	●		

目的別おすすめポーズ

くびれを作りたい
呼吸法
体側伸ばしのポーズ
横たわった英雄のポーズ
肩甲骨ほぐし
猫のねじりと伸びのポーズ
三日月のポーズ
女神のポーズ
英雄のポーズ1
体側を伸ばす&ねじりのポーズ
船とテーブルのポーズ
賢者のポーズ
肘まわしコブラのポーズ
逆転のムドラー
クロスでひざたおしのポーズ
シャバアーサナ

リラックスして心を落ち着けたい
呼吸法
肩甲骨ほぐし
肩甲骨を左右に動かすポーズ
猫と牛のポーズ
猫のねじりと伸びのポーズ
やさしい開脚前屈のポーズ
三日月のポーズ
胸を伸ばす腕まわし
半分の犬のポーズ
横たわった英雄のポーズ
クロスでひざたおしのポーズ
ハッピーベイビー
シャバアーサナ

アクティブに身体を動かしたい
呼吸法
牛面のポーズ
猫と牛のポーズ
三日月のポーズ
下を向いた犬のポーズ
椅子のポーズ
女神のポーズ
英雄のポーズ1
倒すだけ腹筋
船とテーブルのポーズ
板とコブラのポーズ
逆転のムドラー
体側伸ばしのポーズ
橋のポーズ
シャバアーサナ

肩コリを解消したい
呼吸法
牛面のポーズ
肩甲骨ほぐし
肩甲骨を左右に動かすポーズ
ハトのポーズ
牛面のポーズ
船とテーブルのポーズ
賢者のポーズ
英雄のポーズ1
体側を伸ばす&ねじりのポーズ
肘まわしコブラのポーズ
肘つきプランク
板とコブラのポーズ
橋のポーズ
体側伸ばしのポーズ
シャバアーサナ

今すぐ幸せになれる 心の持ち方
～ありのままを受け止めて、今あるものに意識を向ける～

　子育てをしていると、自分の気持ちが大きく揺れ動くのを感じます。
　初めてベビーを胸に抱いた日、初めて笑ってくれた日、初めて寝返りをした日、初めて朝まで眠ってくれた日、ただただうれしくて、すべての苦労を忘れて喜びの中にいる自分。
　子どもがかわいくて、幸せで、この子を一生守りたいと思う瞬間もあれば、夜中に泣き止まない我が子を抱いて、どうして思うようにいかないのかと一緒に涙することもありました。

　子どもが泣き止まないということにフォーカスすると、どうしてもネガティブな方に意識が向いてしまいます。たしかに泣いている時間もあるけれど、実はおだやかにニコニコ笑っている時間の方が多いことに、気づいていないだけなのかもしれません。

　子育て中の幸せ水準値をグラフにすると、こんな感じではないか？　と表現してくれた人がいました。それが左のグラフです。
　「でも、なんだかしっくりこない！」と、一つ一つの経験や気持ちがゆれ動く体験をグラフに入れていくと右のようなグラフになった！　というのを見て「これ、私だ！　これでいいんだ！　私は母親失格じゃないんだ」ととても共感し、ホッとしたのを覚えています。

子育ては感情のアップダウンの連続！

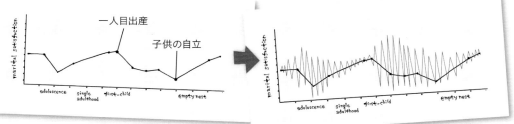

※ TED 動画　「ルーファス・グリスコムとアリサ・ヴォルクマン：子育てのタブーを語ろう」より

　たしかにベビーを授かって幸せ水準値は上昇し、産後、寝不足で大変な時期には下降するのですが、かといって嫌なことばかりが起こっているわけではないのです。まさに右のグラフのように、うれしい！　つらい！　と気持ちがアップダウンする連続の中を、私たちは生きているように思います。

　では、私たちはどちらにフォーカスすれば、より幸せな気持ちに気づけるでしょう？　よかったこと？　つらかったこと？　今そばにあるもの？　それとも足りないもの？
　大切なのは、あれがない、これができないと、「ないもの」にフォーカスするのではなく、「今あるものにフォーカスし、うれしいことやよいことに囲まれた毎日を過ごしている自分に気づくこと」。
　育児雑誌で見た、キラキラ輝くように幸せな子育ての理想と現実のギャップに落ち込む必要なんてないのです。
　今あるものに目を向けるだけで、誰でも今すぐ幸せになれるのです。

Part.7
毎日を心地よく過ごすための セルフケア

手軽にいつでもどこでも自分でできる
セルフマッサージを紹介します。

不安やイライラを手放しリフレッシュ
いまここ呼吸

いまここ呼吸で心のモヤモヤ、わだかまり、不安、イライラを吐く息と共に手放し、吸う息で新しいエネルギーを取り込み、心と身体をリフレッシュ。
呼吸しながら「今ここ」にいる自分を味わおう。

1 胸の前で合掌して目を閉じる

安楽座になり、胸の前で合掌し、親指を胸の中心（ハートのチャクラ）に合わせる。
身体の中のいらないものを吐きだすようなイメージで、すべての息を吐ききる。

2 新しいエネルギーを取り込むように吸う

鼻から大きく吸いながら、新しいエネルギーを取り込むイメージで手を上に伸ばす。

3 ネガティブを手放しながら吐く

ゆっくり鼻から吐いて、手を外から回しながらおろす。ネガティブな気持ち、わだかまり、不安、重圧などを一つ一つ吐きだしていく。

くり返す　5〜7呼吸

吐く息で手放して、吸いながら新しいエネルギーを取り込みエネルギーを入れ替えていく（5〜7呼吸）。

4 エネルギーに満ちた自分を味わう

「今ここにいること」に「ありがとう」の思いをこめて、やさしく呼吸しましょう。「感謝」の気持ちを送りたい人の顔を思い浮かべてみましょう。

ざわつきを落ち着け心を平和に
ブラーマリー（蜂）の呼吸

蜂の羽音のようなハミング音で、バイブレーションを感じながら呼吸する。
身体の各所に呼吸を送り込みながら音が生まれては消える様子を味わい、響きと一体になることでざわついた心をおだやかにする。

1 あお向けになり「んー」と音を出す

あお向けに横たわり、目を閉じ全身の力を抜く。すべての息を吐きだし、鼻から息を吸い、ハミングをするように「んー」と鼻から音が抜けるようにゆっくり吐く。バイブレーションに包まれるのを全身で感じ、心地よい音の高さを探ってみる。

歯のかみ合わせをゆるめ、少し空間を開ける
バイブレーション

2 身体の各パーツに「んー」を響かせる

慣れてきたら、身体の各所に呼吸を送り、振動で緊張をほぐすようにイメージする。右のつま先に、「んー」を響かせる…。次に右のひざへ、次は右の足全体に。

①右のつま先
②右のひざ
③右足全体

反対側も同様に

3 一つ一つ丁寧に響かせていく

左のつま先に、左のひざへ、左の足全体に「んー」の呼吸を送る。バイブレーションの余韻を感じながら、右の手の指先へ、右の肘へ、右の腕全体に。次は左の手の指先へ、左の肘へ、左の腕全体に。ベビーを育んだ子宮へ、骨盤底筋へ、お腹、胸、のど、頭がい骨へと続ける。

胸に手をあてブラーマリーの呼吸を送る

4 響きの余韻の中で心と身体の調和を感じる

終わった後は、目を閉じたまま心と身体の調和を感じながら、バイブレーションの余韻を味わう。ベビーを抱っこして一緒に響きを分ちあうのもおすすめ。

ストレスで息がつまった時
あお向けのがっせきのポーズ

授乳や抱っこの姿勢を続けていると、胸が閉じ呼吸が浅くなると気持ちが暗くなりがちに。胸を開くと呼吸が深まり、気持ちも明るくなる。

1 背中の後ろにボルスターをおく

タオルボルスターをつくり仙骨が軽くあたるようにし、あお向けになる（高さにより、仙骨 20cm ほど離す。仙骨からの心地よい距離で O.K.）。ボルスターがあるとより胸を開きやすくなり、背中も気持ちいい。

タオルボルスターなしで直接マットに横たわっても OK

タオルボルスターの作り方
大判のタオルを2～3枚重ね合わせて、端からクルクルと巻く。太さは好みで枚数を調節。長さは頭から腰まで60センチくらいを目安に。

2 両ひざを外側に開き胸を開く

足の裏を合わせ足のつけ根に近づけ、両ひざを外に開く。肩を開き床に落としていくように、胸をやわらかく開きながら呼吸を続ける。両手をお腹の上にあて、子宮を手のぬくもりで、温めるようにイメージする。

吸う　吐く　のど元やわらかく

重ねたタオルをおいて高さを出しても OK

股関節がつらい場合は、ひざの下にクッションなどを挟みひざを支える

3 肩や胸を開いてリラックス

手を上に伸ばしたり、肘と肘を持つなど、肩や胸が開く位置に手をおきリラックスしながら呼吸を続ける（5～10呼吸）。

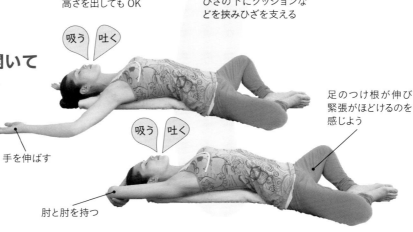

吸う　吐く

手を伸ばす

足のつけ根が伸び緊張がほどけるのを感じよう

吸う　吐く

肘と肘を持つ

セルフマッサージ
足ほぐし

インドで産後ママに昔からプロのマッサージ師が行っているものをセルフマッサージにアレンジ。

骨盤のゆがみの原因はひざ下のこわばりにあり。妊娠中の歩行不足で失われていた足指や足裏への意識を目覚めさせる。冷え、むくみ解消にもおすすめ。マッサージオイルを使ったり、お風呂あがりにやってみよう。

1 足の指をほぐす
右手と左足の指を深く組み、左手で足の甲を持つ。右手で足の指のつけ根を回しながらほぐす。反対回しも行う（5〜10回）。

2 足首を回す
左手で足首を持ち、右手で足首回しを行う。少しずつ大きくなめらかに回す。反対回しも行う（5〜10回）。

3 すねの内側をほぐす
すねの内側を骨にそって親指で圧をかけながらひざに向かってなでる（3〜4回）。

できるだけゆっくり回す

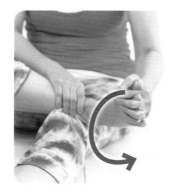

4 足首からひざ下までほぐす
足の裏でふくらはぎを転がし、足首からひざまで少しずつ上へ向かってほぐす（3セット）。

5 手の指と足の指を組んで動かす
手の指と足の指を軽く組んでシャカシャカと足指の間で手の指を動かす。

6 ひざ〜足指までなでる
てのひらを密着させ、すね、足首、手の甲の順になで、最後は、足の指先を包み込み、足指を曲げて、ぎゅーっと引き寄せ、ほどく（3〜4回）。右足も同様に。

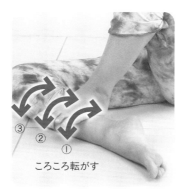
①②③ ころころ転がす

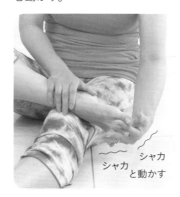
シャカシャカと動かす

下になでる／足指を曲げる

セルフマッサージ
かたくなった頭・頭皮をゆるめる

頭をほぐし血流がよくなるので、眼や頭がスッキリ。足湯をしながらマッサージオイルをつけるとさらに気持ちよくできる。

1 頭皮をゆるめる

頭頂にてのひらをあて、円を描くように揺り動かしながら、頭皮をゆるめる。

2 おでこの緊張をゆるめる

❶親指をこめかみにあて、4本の指を額の髪際におく ❷4本の指で髪を分けるようにこめかみに向かってすべらせる ❸4本の指で押す。おでこの緊張をゆるめる。目の疲れもスッキリ(5〜10回)。

3 こめかみからぼんのくぼ

❶親指を後頭部のへこんだところにあて、4本の指をこめかみにおく ❷4本の指をこめかみから耳の後ろを通る ❸ぼんのくぼまですべらせる ❹最後に4本指でぼんのくぼを押す(5〜10回)。

4 ぼんのくぼから額へ

ぼんのくぼから5本の指先で頭皮を揺らし上へ。頭頂を通り、額に向かってマッサージする。首から頭頂、額へ2往復程度くり返す。

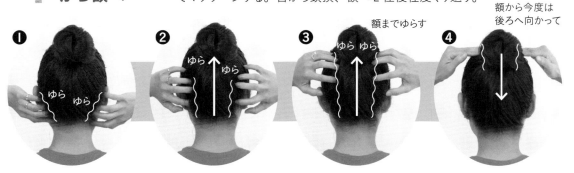

5 頭全体をタッピング

5本指の腹で、ぼんのくぼ、頭頂、額ラインを2往復程度タッピングする。

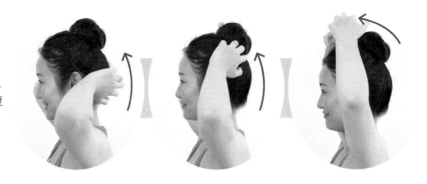

6 手刀でタッピング

手刀で首、ぼんのくぼ、額ラインを2往復程タッピングする。

7 4をくり返す

もう一度4のマッサージをする。

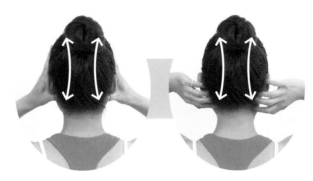

8 首の後ろのくぼみに圧をかける

首の後ろのくぼみに4本指を埋め込むようにしてぐーっと圧をかける（3〜5回）。

9 髪の毛をまとめて引っ張る

髪の毛を頭頂の方にまとめて、斜め上方向にぎゅーっと引っ張る（1回）。

ぎゅーっと引っ張る

セルフマッサージ
腕〜手指のマッサージ

腕をほぐすことで、抱っこで緊張した腕や肩が楽になる。てのひら全体で温かさを伝えるようにマッサージしてみましょう。

1 右手で左手をなでる

右の手で、左手の甲から肩をくるんでなでながら戻る（3〜5回）。

手首から肩へ

肩をくるんで手首へ

2 少し圧をかけながらなでる

肩をつかみ、少し圧をかけながら手の甲に向かってなでる（3〜5回）。

手の甲まで流す

3 手の甲からマッサージ

手の甲からねじるように上へマッサージ、肩を包み込みながら、手の甲までなでる（3〜5回）。

肩包み込み
なでながら手の甲まで

4 手の指をマッサージ

親指から小指方向へマッサージする。今度は、小指から親指へ2〜3往復。

小指の方へ

戻る

セルフマッサージ
お腹を温めるマッサージ （各5〜10回）

便秘がちのお腹を、てのひら全体で温かさを伝えるようにマッサージ。触れて冷たい時は、お腹が冷えている証拠。日頃から冷やさないように注意しましょう。

1 時計回りになでる
てのひらで大きく円を描くように、時計回りになでる。手のぬくもりを伝える。

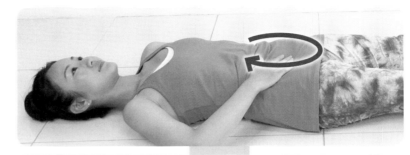

2 わき腹からお腹の真ん中
わき腹からお腹の中央を通ってそけい部（足のつけ根）へ流す。

3 両手で左右に絞る
両手で左右に絞るようにマッサージ。手は交互に動かす。

4 円を描くように回す
両手で円を描くようにくるくる回す。

5 手でハートをつくり余韻を感じる
手でハートをつくり下腹部にあて余韻を感じる。

美姿勢ウォークで骨盤がひきしまる歩き方

間違った姿勢で歩くと、普段の姿勢も悪くなる。産後は内ももの力が弱くなり、がに股になる傾向があるので、後ろの足でしっかりけり出すのを意識し、一直線上を歩くようにしましょう。

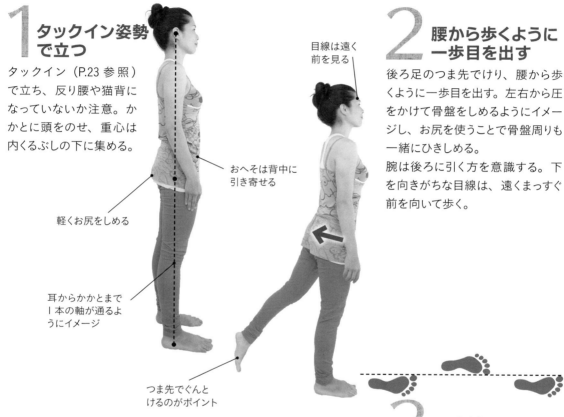

1 タックイン姿勢で立つ

タックイン（P.23参照）で立ち、反り腰や猫背になっていないか注意。かかとに頭をのせ、重心は内くるぶしの下に集める。

- おへそは背中に引き寄せる
- 軽くお尻をしめる
- 耳からかかとまで1本の軸が通るようにイメージ
- つま先でぐんとけるのがポイント

2 腰から歩くように一歩目を出す

後ろ足のつま先でけり、腰から歩くように一歩目を出す。左右から圧をかけて骨盤をしめるようにイメージし、お尻を使うことで骨盤周りも一緒にひきしめる。
腕は後ろに引く方を意識する。下を向きがちな目線は、遠くまっすぐ前を向いて歩く。

- 目線は遠く前を見る

3 一直線上を意識して歩く

ひざを伸ばしながら、つま先からではなくかかとで着地する。外荷重にならないよう、内ももを寄せて歩くことが大切。体重を移動させて、またつま先でけり出し、一直線上を歩くように意識。

- かかとで着地
- ベビーカーを押す時もしっかりと背筋を伸ばして大股で歩く。歩く距離よりも歩幅が大切！

NG

- 小股でちょこちょこ歩く
- ひざが曲がっている
- 肩が前に入り背中がまるくなる
- 目線が下がり足元を見る
- 多くの荷物を持ちすぎる
- 抱っこひもの位置が低すぎる（ベビーの身体がゆがむ）

美姿勢抱っこで
腹筋がひきしまる抱き方

一日何度も行う抱っこ。正しい姿勢で行うことで、手首への負担（腱鞘炎予防）や腰への負担（腰痛予防）を軽減し、腹筋を使うことでお腹もひきしまる。

NG

- 前かがみ、猫背
- ひざを伸ばしきって前かがみになるのを避ける（ぎっくり腰予防）
- 抱き上げる子ども、持ち上げる対象が自分から遠い
- 腰に負担をかけずに抱き上げたり重いものを持つ方法を身に付けることが大切

1 ベビーの近くにしゃがむ

ベビーの近くでしゃがみ、おへそを背中に引き寄せる。背中をまっすぐにして腹筋を使うことを意識しながら、子どもの脇腹をしっかりと抱える。

2 子どもを抱き寄せる

腹筋に力を入れて背筋をまっすぐに伸ばし、子どもを抱き寄せることで子どもとの一体感が生まれ姿勢が安定する。（腰への負担を軽減）

3 上体を起こしたまま立つ

上体を起こしたまま立ち上がり、骨盤を立て、骨盤の真上に背筋をまっすぐに保つ。

ママとベビーのアロマセラピー

植物からの贈り物であるアロマの香りをナチュラルケアを、日常の生活に取り入れ、心身の休息や調和や、ヘルスケアに活用してみませんか？

　生まれて間もないベビーは、素晴らしい嗅覚をもっています。お母さんの匂いを嗅ぐことでお母さんと認識することができるほど、心地よさ、温かさ、安心などを嗅覚も使って感じています。

　離乳食も味のないものから少しずつ味を付け、味覚を発達させていくように、嗅覚もいろいろな経験をさせることで発達していきます。香りを嗅ぐと懐かしい思い出がよみがえるように、アロマの香りが、ママとの楽しい思い出をよび起こすきっかけとなりますように。

　まずは、器具も不要！　簡単にアロマを楽しむ方法をご紹介します。

ハンカチやティッシュに
ハンカチやティッシュ・カット綿などにアロマオイル（精油）を1〜2滴たらす。
ママの枕元に置いて手軽に楽しんだり、カバンの中に入れておくと外出先でも香りを楽しめる。
※ハンカチを使う場合は、オイルの種類によってはシミになることもあるので注意。

アロマバス・全身浴法
適温の湯（約200リットル）に肌の敏感な方やベビーの場合は、5滴以下の精油を10ml程度のキャリアオイル（植物油など）で希釈し、お湯に入れよく混ぜる。

アロマバス・半身浴法
浴槽にみぞおちまでつかる程度のお湯を入れ、3滴以下の精油を入れたあと、よくかき混ぜる。
精油と天然塩を混ぜると天然塩のミネラルがお肌にもしっとり感をもたらす。
柑橘系（オレンジなど）は、敏感なお肌には、控え目に。万が一、肌に何らかの刺激を感じた場合は直ちに洗い流すこと。

マスクに
風邪・花粉のシーズンに、マスクへアロマオイル（精油）1〜2滴たらす。
※オイルをつける場所は、皮膚や唇などが直接触れない部分にする。

マグカップ・洗面器を使って
マグカップ・洗面器に熱い（80℃くらい）お湯を注ぎ、アロマオイル（精油）を1〜2滴たらして、蒸気を吸入。
※顔を近づける場合、目は閉じる。
※喘息の方は、強い香りを一気に吸い込まないように注意。

アロマオイルでエコ・ハウスキーピング
洗濯に：すすぎの時に精油を1滴入れる。抗菌作用により、さわやかな香りと仕上がりに。
掃除機に：ティッシュペーパーに精油を1滴たらし、吸い込ませると排気をさわやかにしてくれる。
雑巾がけに：バケツの水に精油を1滴入れ、よく混ぜてから雑巾を絞る。
※喘息の方は、強い香りを一気に吸い込まないように注意。

赤ちゃんと楽しむ〜アロマオイル（エッセンシャルオイル）の選び方〜

たくさんのアロマオイル（エッセンシャルオイル）が販売されていますが、あまり安いものは、合成香料が使用されていることがあります。選ぶ時は以下の点に注意してください。
- 遮光の瓶に入っていること（茶色・緑色など）
- オーガニック認証を受けていること
- 品質の高い物を選ぶこと
- ラベルに学名（ラテン語）が表記されていること

（写真は英国ペニープライス社・オーガニック認証のアロマオイル）

アロマセラピービギナー向け

オイルをブレンドして楽しむこともできますが、まずは1種類からお試しください。

赤ちゃん＆子どもにも安心して使っていただける代表的なアロマオイル

オレンジ
甘くフレッシュで、軽めのシトラス系の香り。リフレッシュ効果を兼ね備え、気分を安定させる。

カモミールローマン
りんごのようなフルーティーな香り。心をやわらげリラックス。心を鎮静させ不眠に効果がある。

グレープフルーツ
南国の楽園を想わせる香り。ストレスや緊張感から心を解放してくれる。

サンダルウッド
スパイシーで東洋的な木の香り。不安や緊張をやわらげ精神統一にも。

ゼラニウム
甘くローズに似たフローラル系の香り。気分を明るく、ストレスを減少させる。

ティートリー
清潔感のある、フレッシュでやや鋭い芳香。殺菌効果が高く室内の空気清浄にもおすすめ。

フランキンセンス
乳香のこと。レモンとカンファーの混ざった香り。心が落ち着く効果。

ベルガモット
フローラルな柑橘系の香り。不安や憂鬱を解消、気分を高め、リラックスとリフレッシュに。

ペパーミント
ミント・グリーン系の清涼感。リフレッシュ効果があり、気持ちを落ち着けてくれる。

マンダリン
甘くつんとした、リフレッシュする香り。心を明るくし、消化を助ける。年少者に人気の香り。

真正ラベンダー
さわやかで清らかなフローラル系。リフレッシュ＆リラックス効果がある。就寝前におすすめ。

レモン
シトラス系の香り。リフレッシュ効果が高く、心を冷静にし、気分爽快。頭の働きもクリアに。

ローズマリー
フレッシュでウッディーな香り。頭脳を明晰に、記憶力を増進。疲労回復。

ローズウッド
ローズに似た甘い優しい香り。リラックスやお部屋の空気のクリーニングに。

ユーカリラジアタ
ツーンとした爽快な香り。抗菌性が高く、各種感染症に。（ユーカリ、ユーカリレモンとは異なる）

- 赤ちゃんの夜泣きをしずめてぐっすり眠れる香り
  ラベンダー・オレンジ・カモミール

- 夏の虫よけアロマスプレーに使える香り
  シトロネラ・レモングラス

アロマセラピーが活躍できるシーン

エッセンシャルオイルをブレンドしてスプレーやデフューザー、アロマバスでもアロマセラピーを楽しめます。

風邪

- 家族の風邪予防に（アロマの水うがい）
  - ティートリー　　　　2〜5滴
  - 水　100ml（コップ1杯）

- 風邪の引きはじめ　せきがではじめた時
  - ユーカリラジアタ　　　3滴
  - ティートリー　　　　　2滴

- 鼻づまりがある時
  - フランキンセンス　　　3滴
  - ラベンダー　　　　　　2滴

- なかなか風邪が治らないとき
  - ユーカリラジアタ　　　3滴
  - ニアウリ　　　　　　　1滴
  - ラベンダー　　　　　　1滴

ママの心に染みるアロマ

- 夜眠る前、静かにリラックスしたい時
  - イランイラン　　　　　3滴
  - ラベンダー　　　　　　2滴
  - ローズウッド　　　　　1滴

- リフレッシュ　気持ちを切り替える
  - レモン　　　　　　　　2滴
  - ペパーミント　　　　　2滴
  - グレープフルーツ　　　1滴

- 心のゆとりが欲しい忙しい時に
  - マンダリン　　　　　　3滴
  - フランキンセンス　　　2滴

- 不安や緊張、重圧をやわらげる
  - オレンジ　　　　　　　3滴
  - プチグレン　　　　　　2滴

アロマの楽しみ方

- デフューザー・アロマポット
  - 好みのアロマオイル　　1〜4滴
  - 精油の有効成分を空中に拡散

- ボディスプレー
  - 無水エタノール…5ml　　精製水…20ml
  - 上記のオイルをブレンドするか1種類を5滴

肩コリ緩和のマッサージオイル

- ローズマリー　　　　　　3滴
- レモン　　　　　　　　　1滴
- ウインターグリーン　　　1滴

10mlのキャリアオイルで希釈する。
※1週間で使い切るようにしましょう。

- 不安な場合は、アロマの専門家に相談しましょう。
- オリジナルアロマブレンドをつくる時は各容量、用途を守り各自の責任のもと使用してください。
- メーカーが目的別にブレンドされているアロマオイルも販売されています。
- いい香りと感じるものからはじめてみましょう。

心地よい睡眠をとることが一番の活力になる

ベビーの夜泣きなどで、寝不足になったり、なかなか眠りにつけない時にはアロマや安眠グッズの力を借りてみては？
高ぶった神経を落ち着け、やさしい眠りに入るためのセルフケアをご紹介します。

ゆっくりお風呂に入れない時は足湯がおすすめ

寝る前に湯船につかると、体温が下がる時にいい眠りに入ることができるのですが、ゆっくり湯船につかる時間がない場合は、足湯がおすすめです。

大きめの洗面器に少し熱めのお湯をはり、お気に入りのバスソルトやアロマオイルを入れて楽しみましょう。さらに白湯（さゆ）を飲むと、身体中から温まりデトックス効果も高まります。

部分浴（手浴・足浴）法

洗面器かバケツに、やや熱めの湯を入れ、3滴以下の精油を落とし、よくかき混ぜます。
その中に手や足を（手首の上、足のくるぶしの上まで）10～15分間浸します。

お風呂あがりは、筋肉があったまった状態で一番やわらかく伸ばしやすいのでリラックスできるポーズで眠りにつく準備をしましょう。
毎晩は難しいかもしれませんが、眠る前のヨガは一日の疲れを取りのぞいてくれます。

アイマスク

光が遮断されて、目にも適当な圧がかかるので深い眠りにつけます。

お気に入りのハーブティー

授乳中の場合はカフェインレスのものを。
カモミールや、ローズ、お休み前のハーブティーブレンドなど。

自分がリラックスできる時間をあえてとるようにしましょう。

- Column -
自分をいたわり癒すことで周りもハッピーになる

あなたは、自分をいたわっていますか?
いつも子どもが優先で、自分のことは後回しになっていませんか?

~ 携帯電話の電池の残量をイメージしてみてください ~
あなたのバッテリー残量は、何パーセントでしょうか?
90%? 70%? 30%? それとも、もう要充電マークがついていますか?

　自分のエネルギーが落ちてくると、ストレスがたまり、イライラしたり、自分を責めたり、怒りっぽくなったりします。
　「あ、ちょっと私、ストレスがたまってきたかも」と感じたら、2、3分でもいいので自分をいたわる時間を持ってみましょう。

あなたが、うれしい! 楽しい! ほっこりした気分になれることをやってみましょう
　ヨガやヨガの呼吸法、散歩や気分転換、お気に入りのアロマでお風呂に入るなど。
　あなたなら何をしますか?

良かったこと、うれしかったことを家族や友達と話してみましょう
　24時間以内に起こった、よかったこと、うれしかったことは何ですか?
　振り返ってみると、たくさんのよかったことやうれしかったことに囲まれている自分に気づきます。

ちょっと疲れた自分に水やりをしましょう
　大切な自分にかけてあげる水の色、あなたなら何色の水を自分にかけてあげますか?
　ピンク? 水色? 透明? それも虹色ですか?
　きれいな色のシャワーに包まれている自分自身を想像してみてください。

　自分をいたわると、リラックスしてストレスもやわらぎますね。
　そして、心も身体もやわらかくなり、やさしい存在になれる、だから周りにもやさしくなれるし、周りを癒す存在になれます。

　自分をいたわらずに、イライラしながらストレスいっぱいで過ごすか?
　毎日2、3分でも自分をいたわる時間をとり、リラックスして過ごすか?
　同じ1日を過ごすならどっちの気持ちで過ごしたいですか?
　実はそれは心の持ち方次第で「あなた自身が決められる」ということです。
　ぜひ、自分自身をいたわる時間を持ち、世界で一番大切な自分を癒してみてくださいね。

Part.8
ベビーとママの笑顔ヨガ

ベビーと毎日たくさんふれあいながら
親子のきずなを深め、ママもベビーもリラックス！
ベビーの反応を見ながら行いましょう。

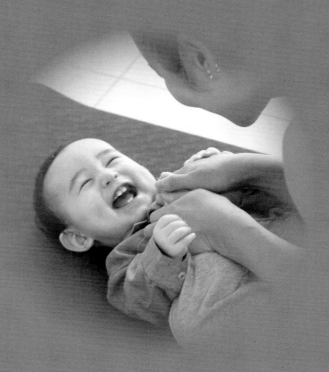

はじめよう！ ベビーが笑顔になるヨガ

脳科学では、「1歳まで」にベビーの運動能力が完成するといわれています。大人しいからと寝かせてばかりでなく、ママと一緒に身体を動かすヨガで、心、身体、脳を育みましょう。

楽しく育児！ベビーが笑顔になるコツ

POINT 1　目を合わせてどんどん笑いかけましょう
ベビーの表情がどんどん豊かになり、感性も磨かれます。

POINT 2　ベビーの反応をよく見て声をかけながら
ベビーはどんな風にするのが好きかな？
「これだいすき！」をいっぱい見つけてみよう。

POINT 3　ヨガの前にベビーとあいさつしよう
ベビーと目線を合わせて、「これからはじめようね〜」と声をかけましょう。

POINT 4　ベビーの落ち着く体勢でやってみよう
あお向けが嫌な場合は、無理に寝かせなくてOK！ママのひざに座らせたり、伸ばした足の上に寝かせましょう。

POINT 5　やさしいタッチで無理は避ける
力の入れすぎ、手や足を無理に引っ張らないようにしましょう。

「わーい、これからママと一緒にヨガするんだね」

「合図を送ると、"やった〜ヨガだ！"とにっこりしてくれます」

あたたかくてぷかぷか居心地のよかった子宮の外で、重力の重み、寒さ、不安や孤独を感じているベビー。ふれる育児はこの世に生まれ「自分が受け入れられている存在」だと、知るための最高のコミュニケーションです。

親子のきずなを深める3大メリット
「触れる育児」これでママもベビーもにっこり

メリット1
ママもベビーも癒され、リラックス♡できる
触れる方も触れられる方もふわふわ気持ちいい。ベビーも落ち着きよく眠るように。
慣れてくると身体をゆだねて、うっとりしてくれます。

メリット2
ベビーの発達を促し、感覚・感性が豊かになる
ママと自分は別の存在とはまだ知らないベビー。「ここが足だよ！ 手だよ！」と触れると、自分の身体の大きさ、ママと自分の境界線を知るきっかけに。

メリット3
なぜ泣いているの？がわかり育児が楽になる
いつも触れていることでママの感性も磨かれ、ベビーの変化、不調に気づくように。今泣いている理由や欲求も感じ取れるようになります。

背中をほぐすポーズ　〜緊張をほぐしてやわらか背中に〜

運動不足により背中がこわばり、うまく背中をまるめられないベビーが増えています。楽しく揺らしながら背中をほぐし、やわらかい背中をつくります。全身がほぐれ、ベビーもにっこりリラックス。

1 ベビーの足首と手首をやさしく持つ

ママの親指と人差し指を使いベビーの足首を持ち、残りの3本指で手首を持つ。もしくは手か足首だけでもOK。

2 左右にゆっくり揺らす

持ったらすぐに、左右にゆっくり揺らす（様子を見ながら5〜6回）。背中をまるくして転がすと、緊張してこわばった背中をほぐし、背骨の感覚が目覚める。ベビーとやさしく目線を合わせて笑顔で揺らしてみよう。

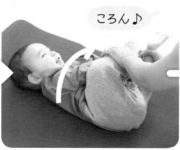

3 両足をやさしくなでる

太もものつけ根→足先まです〜っとなでおろし、足の先からゆっくりと手を離す。無理に足を引っ張らないよう注意。

これきもちいいよ〜
ママに、ぞうさんの歌を歌いながら揺らしてもらってね

全身のびのびヨガ♪　〜ベビーに一番人気！ 歌で今すぐごきげんに〜

まずは声をかけながら、慣れてきたら歌をうたいながらやってみましょう。

1 足のストレッチ

「ぎゅーっ」といいながら、左右の手でベビーの足のつけ根を軽くにぎる。「のびのびのび〜」といいながらママの手をベビーの足先まですべらせストレッチ（×4回）。無理に引っ張らないよう注意。

ママがどんな声をかけたらベビーが喜んでくれるか、いろいろ試してみよう。しっかり目線を合わせるのが喜ぶコツ。

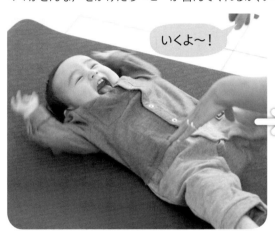
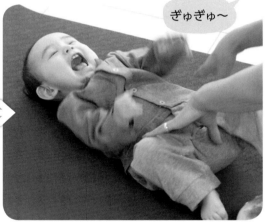

お顔を覗き込んで「ぎゅーっ！」としてあげるとキャッキャ♪　笑ってくれますよ。

2 胸から足まで全身ストレッチ♪

胸に両手をぴったりあて、お腹を通って、足先まで「のびのびのび〜」とストレッチ（×4回）。

3 胸から腕までマッサージ♪

肩を包むように両てのひらをあて、腕を通って、指先までのびのび〜とストレッチ。手の指をぎゅっとにぎっている場合は、てのひらを広げるようにマッサージ（×4回）。

つぎは手だよ〜

びゅ〜ん ひこうき〜

4 頭から足先まで全身ストレッチ

頭に両手のひらをあて、胸→お腹→足先までのびのび〜ストレッチ（×2回）。最後は、足の指先からゆっくりと手を離す。「気持ちよかったね〜！」と声をかける。

 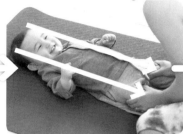 

え…もう終わり？もっと〜♡

お腹と腰のほぐしヨガ　〜便秘やお尻周りのコリに〜

ひざがお腹に触れるように回すとお腹に刺激が伝わり整腸作用があります。

1 ひざをぐるぐる回す

ひざ下を持ち、ひざをお腹に引き寄せ「ぐるぐる〜」といいながら回す。何度か回したら反対回しもやってみましょう（×4回ずつ）。

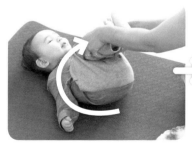 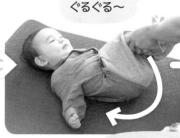 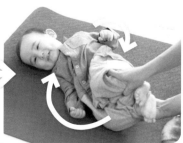

ぐるぐる〜

お腹もスッキリ！ほぐれるよ〜

2 お腹から足先までストレッチ

両手でお腹から足先までやさしくなでる（×2回）。

足裏あわせ　〜ハイハイ・おすわり・タッチの準備運動に〜

1. 足の裏でパチパチ
足の裏と足の裏を合わせ、足のすねを持ち、足の裏でパチパチ〜！

わ〜い
ぱちぱち〜

2. 足をストレッチ
かかとを合わせ、ママの吐く息で足のつけ根に引き寄せる。吸って足を伸ばす。

3. 足の先をいろいろなところにタッチ
①かかとを足のつけ根にぎゅ〜！と引き寄せ、足の指先をお胸にタッチ。
②かかとを足のつけ根にぎゅ〜！と引き寄せ、足の指先をお鼻にタッチ。
③かかとを足のつけ根にぎゅ〜！と引き寄せ、足の指先をおでこにタッチ。

ぎゅ〜
おむねにタッチ〜
お鼻にタッチ〜
おでこにタッチできるかな〜？
ぎゅ〜

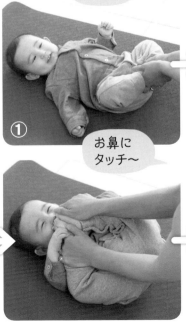 

あしゆびマッサージ

1 足の裏を指圧する
足の裏を、両手の親指の腹でまんべんなく指圧する。

もみもみもみ〜ぷにぷにぷに〜

2 足指のつけ根をほぐす
右てのひらで、かかとを支え、足の親指を持ち、足指のつけ根をほぐすように回す。小指に向かって、1本ずつ行う。

くるくる しゅぽーん お父さんゆび

3 足首の曲げ伸ばし
右手で足のかかとを包み込むように持ち、左手で足の甲を持って、足首の曲げ伸ばしをする。

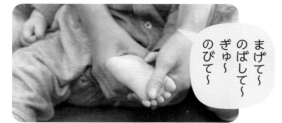

まげて〜のばして〜ぎゅ〜のびて〜

4 足全体をほぐす
足のつけ根から指先へぶるんぶるんと足全体が揺れるようにほぐす。

あお向けの場合は天井に足の裏を向けるようにすると気持ちよく揺らせる。

お胸でハート♪ヨガ 〜にっこり笑顔に。ぐっすり眠る！〜

1 胸の前でハートマークを書く
胸の中心に両掌を合わせ、胸を広げるように大きくハートを描きましょう。

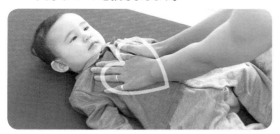

2 歌をうたいましょう
一緒に歌をうたってあげるとベビーが笑顔になります♪（チューリップの歌など）。

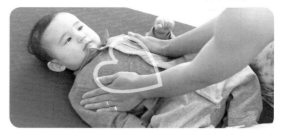

3 ママもリラックスして笑顔で
「ハート」といいながら息を吐くと、ママのおだやかな気持ちがベビーにも伝わります。

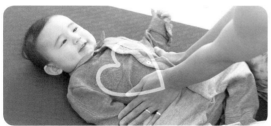

4 大好き♪と声をかけて
「大好き♪」など好きな言葉をかけながらなでましょう。

ベビーといろんな抱っこで遊ぼう

ぶらんこ（首すわり以降のベビー対象）

ベビーの足の下から手を回し、肘と肘を持つ

両足をそれぞれの手で下から持つ

1 ベビーを抱っこする

ベビーの背中がまるくなるようにして抱っこ。ベビーを安定させます。ママはまっすぐに立つ。足は腰幅より少し広め。

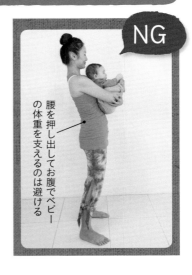

NG

腰を押し出してお腹でベビーの体重を支えるのは避ける

2 ゆっくり左右に揺らす

ベビーの様子を見ながら左右にやさしく揺らしてみましょう。

いない
いない〜

タッチ〜

「いないいない」といって反対向きにねじり、「ばー！」で鏡やお友達と、いないいないバーをしましょう。いないいないタッチ！といって足の裏同士をタッチしても楽しいですよ。

ベビーと骨盤歩きでヒップアップ・調整

ベビーをひざにのせて、お尻歩きをする。向かい合わせで抱っこしてもOK。

ママは、坐骨（お尻の中に埋まっている骨）で歩くようにし、胸を引き上げておへそを背中に引き寄せ、骨盤をしっかり立って歩きましょう。

ママのみでする場合は、両手を合掌してお尻歩きをしましょう。

抱っこして揺らしながら歩くとベビーが落ち着くのはなぜ？

「どうして抱っこして歩くとベビーは泣きやむんだろう？」と不思議に思いませんか？

なんと！　ママが抱っこして歩くとベビーの泣く量は約10分の1に、心拍数は歩きはじめから3秒で低下し、ベビーがリラックスすることが科学的に証明されています。

ぐずったりしている時は、抱っこをして歩いたり、歌をうたってあげるとベビーは落ち着きますよ。ぶらんこなら、人見知りのはじまったベビーもママ以外の人が抱っこしても喜んでくれます。

ベビーはうまれつき抱っこが大好き！

| 「抱っこ」の要求に応える |
| ↓ |
| ベビーの自己肯定感を育む |
| ↓ |
| 親子のきずながさらに深まる |

何歳になってもママの抱っこは心地がいいもの。いろんな抱っこで触れ合ってみてくださいね。

ママもベビーも笑顔になるヨガをしよう

船のポーズをベビーと一緒に　53ページ

　ベビーをひざの上に寝かせ、足を腰の周りに巻きつけて安定させてからポーズをとります。この子のように、ママの胸にくっつくのが好きな子もいます。

猫と牛のポーズベビーと一緒に　36ページ

手の間にベビーを寝かせて、「いないいないばー」をしてみましょう。
吸って胸を反らせて「いないいない〜」。吐いて目線を合わせながら「ばぁ〜！」。

ながら「タックイン」でゆがみ知らずの美姿勢になる

タックインするだけ！　子育てしながら正しい姿勢が誰でも自然と身に付く。

おむつ替えしながらタックイン（P.23参照）

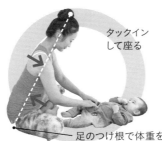

タックインして座る

足のつけ根で体重を支えると骨盤が立つ

×
- ●背中がまるく猫背になる
- ●斜め座りで前かがみ

○
- ●おへそを背中にタックイン
- ●肩甲骨を中心軸にタックイン

タックインして中心軸に寄せ、骨盤を立てるだけで背中もお腹もスッキリ！

抱っこしながらタックイン

① ② ③

×
- ●片方の骨盤だけで体重を支える（①）
- ●お腹や腰を押し出す（②）
- ●片方の肩を上げてアンバランス（③）

○
- ●タックインして正面で抱っこ

少し腰を引き、くるぶしの上に骨盤がのるように重心を意識すると姿勢もキレイ。タックインしてまっすぐ立つことで姿勢を支える筋肉も強化！

椅子やソファーに座りながら・授乳しながらタックイン

① ②

抱っこしながら「タックイン」するだけで、産後のゆがみ改善につながり、一石二鳥ですね

足のつけ根で体重を支えると骨盤が立つ

×
- ●骨盤が倒れこみ背中がまるく、お腹はゆるむ（①）
- ●椅子が高すぎ、つま先立ちで授乳は疲れる（②）

○
- ●タックインして骨盤をしっかり立て背筋を伸ばし筋肉を使ってしっかり姿勢を支える

背中の後ろにクッションをおいてまっすぐの姿勢を保ったり、足の下に踏み台をおくと足が安定します。

ベビーとママの笑顔ヨガ　Part.8

ベビーと一緒に脳を育むあそび

　私たち母親がベビーにしてあげられることは、本当にたくさんあります。そして、知っていると得することもたくさんあります。すこやかな成長のために、健康（緊急時・体調不良時の対処法）、知育、おもちゃ選びなど、育児位役立つ情報を仕入れられるようにママも常にアンテナを張っておきましょう。

こころと脳を育む　絵本の読み聞かせ

　ベビーは生後4ヶ月頃から自分から笑いかけて、お母さんとコミュニケーションをとりはじめます。絵本を読みながら一緒に喜んだり、笑ったりすると「お母さんと一緒にいると楽しいな♪」と母子関係が深まります。お母さんの笑顔を見て「お母さんが楽しそうにしているから、私も楽しいな」という感情は、「こころの育ち」と脳を育みます。

　「読み聞かせ」は、いつはじめても遅くはありません。絵本を楽しみながら心を落ち着かせ、想像力を豊かにすることは、人の心を理解する力がつき、良好な人間関係や人との距離感・場の空気を読むといったコミュニケーション力を育みます。

Q　小さなベビーは、絵本がわかるの？

A　ベビーは、お腹の中にいる時からお母さんの声を「聞く」力を持っています。よい言葉は、こどもの「聞く耳」を育てます。「人の話を聞くことは楽しいな」という気持ちをくり返しの中で学んでいきます。

Q　小さなベビー（0～1歳）におすすめの絵本は？

A　長く愛されてきたロングセラーの絵本や、輪郭がしっかり描かれ、ベビーがよく認識できる色（赤・青・黄）が使われているはっきりした色の絵本、言葉のリズムや響きが心地よい本など。本物の絵本がおすすめです。

本物の素材がベビーの本物の感覚を養う　～知育玩具～

おもちゃは本物の素材でできたものを

　ベビーは5ヶ月を過ぎる頃から、物と自分の手の距離感を認識して、物に触れたり、手を伸ばし物をつかみます。何でも口に入れるのは、口周りの皮膚から素材の質感を通して物を認識しようとしているから。そのため、身体にやさしく、安心して与えられるやさしい木の香りや、素材の感触が味わえるおもちゃがおすすめです。

心地よい音のリズムで「聴く」感覚を養うおもちゃ

　玉が落ちていくおもちゃ。大人は玉が落ちる動きを、普通に目で追ってしまいます。でも、子どもの場合は少し違います。まず「あれ？　この音って？」と、美しい木の道を伝わって転がる心地よい音の刺激を耳から感じます。それが脳に伝わり、リズミカルに玉が落ちていく動きを目で追うようになるのです。これのくり返しで聴く力、視る力が強化され、結果的に集中力が身に付きます。

　子どもたちに人気の「ジャンピングカートレイン」や「シロフォン付 玉の塔」。おもちゃ作りのマイスター（職人）であり、ドイツ・ベック社の創設者ベックさんの「30年壊れずに子どもたちに遊ばれるおもちゃ」への想いは今も引き継がれています。孫の代まで引き継げる、本当に価値のあるおもちゃを与えてあげたいですね。

パートナーから親へ♡パパ育てしていますか？
~ どうして私だけ？ となる前に、今すぐやるべき3つのこと ~

　新しい家族が増え、「こんなはずじゃなかった……」「子どもが2人できたみたい」とパパにイライラしていませんか？
　今まで自由だった夫婦も、子どもが生まれて「両親」という関係に。ママは妊娠してから親になる心の準備も整いますが、パパはベビーの顔を見てからスイッチが入るので、つい出遅れがち。
　「ベビー、早く寝てくれないかなぁ」と寝かしつけている最中に、パパが大音量でテレビをつけたり、「もう寝た？」と大きな声で部屋に入ってきたりして、やっと寝てくれたベビーが起きると、「もう、空気読んでよ」とイラっとくることも、私は正直ありました……。
　モヤモヤした気持ちをママだけで抱え込んで、いつかどっかーん！ と爆発する前に、「ママじゃなければできないこと」「パパでもできること」を切り分け、チーム（家族）として連係プレーの体制を早目に整えることをおすすめします。

パパをまき込むコツ　その1　パパと本音を語り合い、想いを共有する

　パパは役に立たん！ と「戦力外通告」をする前に、パパの気持ちと自分の気持ちを、ことあるごとにちゃんと話し合うのが本当に大事です。言わなくてもわかるだろう、ではあまり伝わりません。
　困ってること、悩み、カラダのトラブル、育児方針など、互いの本音を語り合いましょう。
　家訓があるとなおいいですね。ちなみに、我が家（Kerr家）の家訓は、「Happy Wife Happy Life」。「奥さんが幸せなら、人生も幸せ♡」というパパの考えに甘えて、私の気持ちをちょっとだけ優先してもらっています。（パパありがとう！）

パパをまき込むコツ　その2　パパにきちんと「家事を手伝って」と伝える

　パパが手伝ってくれないのは、やりたくないからではなく、やり方を知らないだけかもしれません。
　働くママは家事を分担しやすいけれど、専業主婦だと言い出しにくいママもいるかも。
　パパが仕事で疲れているのもわかるけれど、ベビーは2人の子ども。ベビーを産んだとたん、毎日3食作り、掃除・洗濯・家事・子育てをすべて担当する「ママという種族」になるわけではありません。「パパの協力を得る、助けを借りる」お願い上手になってみましょう。

パパをまき込むコツ　その3　ママがひとりになれる時間を「とりあえず」決める

　パパは、「いってきま～す」と家を出たら、そこからひとりの時間。でもママは……？
　ママも、パパと交代で週末に、一日の中で「ひとりになれる時間」をとるのがおすすめ。
　忘れる前に、「とりあえず」決めて、スケジュール帳に書き込み、あとは思い切ってパパに託しましょう！ 前向きな自分らしい育児のために「私らしくなれる時間」でリフレッシュしましょう。

　そして、一日の終わりには、子どもの寝顔を見ながら「今日もがんばったね！」とパパとママがお互いの労をねぎらい、ハイタッチできるようなチームになれたらいいですね。
　くれぐれも、ガタピシャ！ とパパの目の前でドアを閉める関係にはならないようにしましょうね。

おわりに
〜はじめよう！ヨガのある子育て〜

ママになって7年、振り返れば本当にあっという間でした。

高齢出産だったこと、そばに気軽に頼れる家族が住んでいないこともあり、0才児の子育てに奮闘していた日々。大変だったけど、楽しかった！　この子のおかげで成長できた自分がいます。

初めて笑った日、初めて朝まで眠ってくれた日、首がすわった日、寝返りをした日、お座りできずにひっくり返って泣いた日。笑ったこと、泣いたこと、怒ったこと、全部かけがえのない思い出です。

自分の時間がない、早く大きくなってほしい、早く楽になりたいと思うよりも早く、ベビーの時期はあっという間に過ぎ去ってしまいます。

どうぞ、たくさんの思い出を作ってください。ベビーをいっぱい抱きしめてあげてください。

大好きだよと声をかけてください。大きくなったら、あなたを抱きしめてくれます。死ぬまでママのこと大好きだよといってくれますよ。

5年前にママにホッとしてほしいという想いではじめたベビー連れの産後ヨガクラス。

今では、ママやベビーからたくさんの元気をもらい、私が一番癒されています。

ヨガには「つなぐ」という意味があります。ヨガを通じてママがつながるコミュニティーには、いつも愛あるエネルギーがあふれています。心と身体をつなぎ、孤独な子育てをしているママをつなぐ、そして1つの愛ある共同体としてみんなで支え合って子育てしていけるといいですね。

もし、ベビー連れで体を動かしたいな、他のママと交流したいなと思った時は、ぜひママヨガにいらしてくださいね。各地で素敵なママヨガ先生が、あなたのお越しをお待ちしています。

カー　亜樹

あなたもママヨガ講師になってママを笑顔にする活動に参加しませんか？
養成講座を開催できるヨガインストラクターも募集中です。
日本ママヨガ協会ホームページ：http://jmya.jp/
ベビー連れヨガでママの笑顔を全国に　https://www.facebook.com/jmya.jp

取材協力いただいたみなさま、ありがとうございました。（敬称略）

助産師：弓削　夏代、小林　順子、濱田　優子、谷垣　有香、冨岡　千与美
保育士：林　真咲　　看護師：中川　信子
アロマセラピー：塩田　知恵子（ペニープライスアカデミー日本校代表）、
　　　　　　　　横田　真由美（日本マタニティーセラピスト協会　代表理事）
知育玩具：藤田　篤　（（社）日本知育玩具協会　代表理事）
校正協力：須澤　美佳、認定講師のみなさま

著者プロフィール　　カー　亜樹　　Aki Kerr

兵庫県神戸市在住。陽気なオーストラリア人と国際結婚。現在7歳になる男の子のママ。

ヨガを育児に取り入れ、楽しみながら「ママを癒す子連れヨガ」を全国に伝えている。

産後、IT業界に復帰したものの、フルタイムワークと育児・家事の両立の限界を感じ、方向転換を決意。

妊娠・出産で大きく変化するママの心と身体のバランスを整え、「ママが癒される」ヨガクラスを2010年より神戸でスタート。「子ども連れで気軽に通えて、楽しめる」「子育てのイライラがなくなり、癒される」と話題を呼ぶ。わずか1年で参加者が1,000組を超え、今では4,000組以上に。現在は、甲南山手、六甲道で子連れママヨガクラスを開催している。

「私も子連れヨガを教えたい」という要望から、2011年より、ヨガ初心者から講師を目指す「ママヨガ講師養成講座」をスタート。ヨガの知識や技術を基礎に、助産師や保育士、脳科学者など専門家のアドバイスを交えた多角的なプログラムで、オリジナルのヨガ子育てメソッドを確立。

オーストラリア・バイロンベイでのヨガ留学や、ヨガ発祥の地インドで学んだヨガとアーユルヴェーダ式産後ママのマッサージ・ベビーマッサージの要素も採り入れている。

全国各地で「徒歩圏内でママが癒されるヨガクラスの展開」を目指し、2014年2月に一般社団法人日本ママヨガ協会を設立。「ママとベビーのヨガ講師養成講座」の卒業生は通算は200名を超え、認定講師による教室は、関東から九州まで全国展開中。一方で、「笑顔で働きたいママのフェスタ」兵庫をプロデュース。3回の開催で7,500名を動員し、ありのままに自分らしく輝くママ起業家の自立支援活動も行っている。

産後ヨガ参加者の声

近くの先生を探すには
| ママヨガ協会 | 検索 |

ヨガで"「今」を大切に"を教わり、ひとつひとつひとつの出会いや、一呼吸ひと呼吸に「ありがとう」「うれしい」と思うようになりました。子ども、周りの人、そして自分自身が、一瞬一瞬成長できる「今」を過ごしていると感じています。

H.O（30才）

以前からヨガをしていましたが、子どもと一緒にできるヨガに出会えるとは思っていませんでした。子どもも真似をしてくれて自然に笑顔になっている自分もいてびっくりしています。悩みを持っているのは私一人じゃないと元気になれました。

K.F（34才）

ママヨガをはじめて、子どもとの向き合い方が変わりました。自分の気持ちと向き合う時間を持つことで心が軽くなり、おだやかに過ごせるようになりました。姿勢に気をつけるようになり猫背が改善できました。

R.M（30才）

自分も子どもも受け入れられるようになり、身体が楽になると心も楽になり、イライラが減りました。育児が楽になることで、子どもも落ち着きました。身体をしっかり伸ばすと、腰痛や足の重さが軽くなった気がします。

N.Y（36才）

ママヨガをはじめて自分の身体に意識を向けることの大切さに気づきました。小さな不調を無視し、突然倒れて家族に迷惑をかけることもありましたが、今は早めの対処できています。子ども達も一緒にヨガを楽しめて、よいコミュニケーション手段になっています。

S.I（35才）

妊娠で16kg増えた体重がママヨガをはじめて元の体重に戻り、体型も以前よりひきしまりました。ヨガを続けることで心が落ち着き、子育てにゆとりが持て、笑顔で過ごすことが増えました。ママ友からは、姿勢もキレイになったとよくほめられます。

M.Y（30才）

子どものことばかりで自分と向き合うことがなかった時、ママヨガに出会い、深い呼吸をすることで気持ちが楽になったのが一番印象的でした。産後ブヨブヨだったお腹周りがひきしまったと思います。

K.N（38才）

初めての子育てで悩みや不安から、子どもは自分一人がしっかり育てていかねばとプレッシャーが知らず知らずのうちにあったこと、他のママ達とお話しすることがこれほどストレス発散になる！ということに気づくとてもよい機会になりました。

M.K（39才）

娘たちと一緒にヨガをしたり、マッサージで癒し癒され、親子のきずなを深めています。「人と比べない」「自分はありのままで十分幸せで、満ち足りた存在だと気づくこと」ママの心と体がほぐれると、ベビーも笑顔になりますね。

本書モデル　瀧本 和子

慢性的な疲れがスッキリ改善して育児が楽しくなりました。ベビーとの接し方が自然と身に付き、スキンシップを楽しんでいます。パパには初めての子育て？と思われるくらい楽しそうといわれます。

本書モデル　ロビンソン 陽子

STAFF

写真	ハラダシンジ（Studio Airy）
DVD制作	上坂 厚志（株式会社 Sand Sun Creative）
ヘアー・メイク	竹中 ひろみ　　Youme
衣装協力	Anri&Bebe（アンリ・ベベ）芦屋
	一般社団法人　日本ママヨガ協会
イラスト	日野 さおり　　飯田 美幸　　美山 莉香
モデル	瀧本 和子・花子　　ロビンソン 陽子・ボーディ
理学療法士	市村 牧子
カバーデザイン	サイクルデザイン
デザイン	宮下 晴樹（有限会社ケイズプロダクション）
編集・構成	山田 稔（有限会社ケイズプロダクション）
企画・進行	鏑木 香緒里

＊読者のみなさまへ
本書の内容に関するお問い合わせは、お手紙かメール（info@TG-NET.co.jp）にて承ります。恐縮ですが、電話でのお問い合わせはご遠慮ください。

ママを癒す産後ヨガ

平成27年2月1日　初版第1刷発行

著　者　カー亜樹
発行人　穂谷竹俊
発行所　株式会社日東書院本社

〒160-0022　東京都新宿区新宿2丁目15番14号　辰巳ビル
TEL：03-5360-7522（代表）
FAX：03-5360-8951（販売部）
振替：00180-0-705733
URL：http://www.TG-NET.co.jp/

印刷・製本　大日本印刷株式会社

本書の無断複写複製（コピー）は、著作権法上での例外を除き、著作者、出版社の権利侵害となります。乱丁・落丁はお取替えいたします。小社販売部までご連絡ください。
©Aki Kerr 2015,Printed in Japan
ISBN 978-4-528-01010-9　　C2077